D0676744

VIVA SUS FORTALEZAS

Descubra los talentos que Dios le concedió e inspire a su comunidad

EDICIÓN PARA LA IGLESIA CATÓLICA

Albert L. Winseman, D.Min.
Donald O. Clifton, Ph.D.
Curt Liesveld, M.Div.

GALLUP PRESS

Gallup Press
1251 Avenue of the Americas
23rd Floor
New York, NY 10020

Copyright © 2003, 2006, 2008 Gallup, Inc.

Reservados todos los derechos, salvo que se indique lo contrario, incluido el derecho a la reproducción de la obra, en todo o parte, en cualquier forma.

Gallup®, Gallup Press®, StrengthsFinder®, Clifton StrengthsFinder® y cada uno de los 34 nombres de los talentos de Clifton StrengthsFinder son marcas comerciales de Gallup, Inc. El resto de las marcas comerciales son propiedad de sus dueños respectivos.

Los versículos en esta obra han sido tomados de *La Biblia de Nuestro Pueblo* © 2006 Ediciones Mensajero, S.A.U. & Pastoral Bible Foundation y han sido utilizados con el permiso de los titulares de los derechos de autor. Reservados todos los derechos. Ninguna parte de *La Biblia de Nuestro Pueblo* puede ser reproducida sin permiso escrito de los titulares de los derechos de autor.

Manufacturado en los Estados Unidos de América

Segunda edición 2008

10 9 8 7 6 5 4 3 2 1

Número de control de la Biblioteca del Congreso: 2008933161

ISBN: 978-1-59562-023-1

Para mi esposa Jane:
Siempre serás el amor de
mi vida y mi más rico manantial de fortaleza.
Albert L. Winseman

Para Shirley, mi esposa durante 57 años, quien
ha colaborado con que nuestros cuatro hijos vivan sus fortalezas.
Donald O. Clifton (1924 – 2003)

Para mi esposa Rosanne:
Nuestro matrimonio será siempre mi mayor éxito.
Tu afectuosa colaboración siempre
despierta en mí lo mejor que Dios me ha concedido.
Curt Liesveld

También dedicamos este libro a nuestro coautor, Don Clifton, que falleció en septiembre de 2003. Don creía firmemente que las personas dan lo mejor de sí cuando se concentran en maximizar sus fortalezas en lugar de intentar corregir sus debilidades. Esta creencia ha inspirado a más de tres millones de personas a descubrir sus talentos y comenzar a vivir sus fortalezas. Le estamos profundamente agradecidos por la forma en que transformó nuestras vidas.

Al y Curt

ÍNDICE

PREFACIO A LA SEGUNDA EDICIÓN

Hace cinco años, Gallup publicó la primera edición de *Viva sus fortalezas*, una tirada económica de un pequeño libro que, a nuestro criterio, ayudaría a introducir la filosofía de las fortalezas en todas las comunidades creyentes. No esperábamos que se vendiera a gran escala. Nuestra idea apenas era brindar una respuesta más satisfactoria a las inquietudes que pudieran surgir acerca de las fortalezas. Con el tiempo se corrió la voz y la gente comenzó a interesarse más y más en el desarrollo de las fortalezas. Viendo que las copias de nuestro libro se agotaban rápidamente en todos lados, nos dimos cuenta de que debíamos dar un paso más para satisfacer la creciente demanda.

A ese fin, en el año 2005 publicamos la segunda edición del libro con cubierta dura, disponible esta vez en librerías. Ante el aumento de las ventas y la demanda, publicamos la edición para la Iglesia Católica en 2006. Ahora estamos presentando la tercera edición, revisada y expandida, junto con la correspondiente edición para la Iglesia Católica (esta es la segunda edición de la versión para la Iglesia Católica de *Viva sus fortalezas*) y por primera vez ambas ediciones se encuentran también disponibles en español.

Hoy somos testigos de la evolución de un movimiento que tiene el poder de transformar la Iglesia en sus diversas formas de expresión. Somos testigos y protagonistas del movimiento de desarrollo de fortalezas, inspirado en la profunda creencia de que todos somos hijos de Dios dotados de talentos y dones que nos hacen únicos e irrepetibles, y en la certeza de que descubrir y desarrollar esos talentos es la clave de la felicidad. Dios quiere que *cada uno* de nosotros sea fiel a *su propia naturaleza*.

El movimiento de desarrollo de fortalezas se expande a paso acelerado. Más de tres millones de personas en todo el mundo han hecho la evaluación Clifton StrengthsFinder, ya sea a través de nuestros libros publicados para distintos tipos de público o a través de los encuentros educativos que organiza Gallup. Más de 400 personas han asistido a los programas de capacitación de Gallup para convertirse en guías espirituales certificados en materia de fortalezas, especialmente capacitados para brindar a los individuos respuestas directas sobre cómo maximizar sus talentos dominantes. Y miles de personas han sido parte de nuestro programa para grupos reducidos de siete semanas de duración, cuyo objetivo es el de ayudar a las personas a descubrir cuáles son sus fortalezas y gracias al cual muchos han logrado hallar su vocación y realizarse sobre la base de sus talentos dominantes.

A medida que avance con la lectura, verá que muchas partes de este libro son iguales que en ediciones anteriores de *Viva sus fortalezas*. Pero también descubrirá una novedad muy significativa: los testimonios. Durante el proceso de preparación de esta edición, les pedimos a nuestros guías en materia de fortalezas que nos brindaran ejemplos tanto de individuos, como de congregaciones y parroquias enteras que hubieran experimentado una transformación gracias al movimiento de desarrollo de fortalezas. Al leer esos relatos, y comprobar la enorme diferencia que concentrarse en los talentos más importantes puede causar en la vida de las personas, me sentí inspirado e incluso un poco abrumado.

Hemos incluido muchas de esas anécdotas sobre el desarrollo de fortalezas al final de cada capítulo de este libro. En su mayoría, los relatos aparecen tal como llegaron a nuestras manos: algunos son más largos y otros, breves ilustraciones. Algunos están narrados en primera persona y otros, en tercera, porque así fue como nos los contaron los guías en materia de fortalezas que fueron testigos del impacto que el descubrimiento de los talentos y el desarrollo de las fortalezas tuvieron en la vida de las personas a quienes ayudaban. Pero todas las anécdotas tienen algo en común: son testimonios impactantes de la "fuerza" del proceso de desarrollo de las fortalezas.

Espero que quienes hayan leído una versión anterior de *Viva sus fortalezas* descubran todos los elementos que hacen de esta una edición superior. Después de todo, mi talento Excelencia siempre me impulsa a mejorar. ¡Y si está usted leyendo *Viva sus fortalezas* por primera vez, esta es la mejor versión hasta el momento! Lo importante es que está usted transitando un camino de autodescubrimiento que le brindará las herramientas necesarias para convertirse en *la persona única e irrepetible* que Dios trajo al mundo: una criatura con fortalezas singulares que cada día se esfuerza por ser mejor.

Que Dios los bendiga,
Albert L. Winseman, D.Min.
Idear Futurista Excelencia Estratégico Mando
Septiembre de 2008

PRÓLOGO

Nos complace que el obispo William F. Murphy y el monseñor Bill Hanson hayan escrito un prólogo a la edición para la Iglesia Católica de Viva sus fortalezas. *Les agradecemos profundamente su colaboración.*

Prólogo del obispo William F. Murphy:

Es un gran placer para mí agradecerles a Al Winseman y Curt Liesveld la preparación y publicación de la edición para la Iglesia Católica de *Viva sus fortalezas*. Como está especialmente dirigida a parroquias y comunidades católicas, incorpora diversos conceptos y un tipo de lenguaje que resulta familiar para quienes profesan la fe católica.

Cuando me enteré de la existencia del programa para el desarrollo de fortalezas de Gallup, sentí una gran curiosidad con respecto a su enfoque y objetivos. Me pareció sumamente interesante la propuesta de sentar una base de crecimiento a partir del reconocimiento y la valoración de los talentos que Dios nos concedió, ya sea en forma personal o como miembros de la comunidad, especialmente en una sociedad que parece poner constante énfasis en nuestros aspectos negativos. El objetivo de crecer de acuerdo con nuestra propia y singular naturaleza a fin de "ser Iglesia" y sentir regocijo por "ser" me parece que refleja el llamado de San Pablo a "vivir en Cristo".

El Evangelio de Jesucristo es en verdad una "buena noticia". De hecho, es la única noticia que permanece por siempre vigente y que nos ofrece a todos y cada uno de nosotros la promesa de la vida: la vida que Dios nos concedió a través de su Hijo Jesucristo para que podamos ser parte de su Espíritu y dar fe de esa comunión al mundo. Este ha sido, a lo largo de la historia, el llamado de Jesús a todos sus discípulos "para que el mundo crea". Si bien confiamos en que dicho cometido se lleve a cabo por medio de la Palabra de Dios que todos ponemos en práctica en su Iglesia a través de los sacramentos, nos llega el regalo de su gracia con un desafío: ¿podemos aprovechar nuestros dones y talentos como individuos y como miembros de la comunidad para que la Buena Noticia viva en nuestros corazones y comunidades?

En mi opinión, *Viva sus fortalezas* nos ofrece una combinación de talentos personales y reflexiones que ayudarán a todas las comunidades cristianas a renovar su espíritu y profundizar el compromiso de vivir según los mandamientos de la fe y así desarrollar plenamente su potencial. Es mi esperanza que todas las parroquias y comunidades católicas aprovechen esta invitación a "ser la Iglesia de Jesucristo ahora más que nunca", y así lograr que los feligreses vivan más plenamente en Cristo y que su mensaje sea más ampliamente aceptado, alabado y proclamado.

Unidos en Cristo, los saluda,
Su Excelencia Reverendísima William F. Murphy
Obispo de Rockville Centre
Rockville Centre, Nueva York
Julio de 2006

Prólogo de monseñor Bill Hanson:

Un código único. Una exploración misteriosa. La búsqueda de un tesoro invaluable.

¿Le parecen frases sacadas de un libro de imparable éxito de ventas? Todos estos elementos componen el libro que tiene usted en sus manos: *Viva sus fortalezas*. De hecho, todos estos elementos están dentro de usted. Están en cada ser humano y constituyen las diversas etapas del camino de todo héroe.

Bienvenido al código que lo ayudará a desentrañar la aventura en la que está embarcado desde el día mismo de su nacimiento: la aventura de la vida que Dios nos ha concedido a cada uno de nosotros a su imagen y semejanza.

Cada vez que nos preguntamos qué camino debemos tomar, por qué reaccionamos de tal o cual manera ante una situación determinada o por qué disfrutamos de ciertas cosas y evitamos otras, estamos tratando de descifrar el misterio de quiénes somos en realidad. También nos formulamos las mismas preguntas acerca de otras personas que forman parte de nuestra vida. En este libro, encontrará el código que echará luz sobre el misterio de cada uno de nosotros, así como el de nuestro prójimo.

Durante casi 35 años de labor como cura párroco, he tenido la oportunidad de ayudar a mis feligreses a descifrar sus códigos internos. He tenido el privilegio de participar en infinita cantidad de conversaciones con personas que intentaban comprender aquello que Dios les había concedido a través de la Gracia en que nacieron y fueron bautizados. He tenido la bendición de reencontrarme con algunas de esas personas veinte años más tarde. Todos sus testimonios demuestran que la aceptación de los dones de Dios que llevamos en nuestro interior nos permite tomar decisiones riesgosas, pero acertadas, alcanzar la serenidad y vivir en armonía con nuestros familiares y amigos.

He incluido muchos de esos testimonios en mis sermones a lo largo de muchos años de servicio en seis parroquias distintas. Siendo niño, ir a misa me resultaba sumamente aburrido, a menos que el cura contara una buena anécdota. Por eso, cuando me ordené sacerdote me prometí contar el mismo tipo de relatos que cautivaban mi atención en la infancia. Me llena de profunda alegría saber que mis relatos han inspirado a muchas personas. Pero durante todos esos años, igualmente tenía la sensación de que faltaba algo. Es fácil admirar a personas que han vivido heroicamente, pero muy difícil ser un héroe uno mismo.

A lo largo de todos estos años, muchas personas han manifestado un deseo recurrente que gobierna su búsqueda de Dios: el deseo de tener la certeza de estar siguiendo el camino correcto. Todas las señales, recuerdos, relatos y otros ejercicios que tienen como objetivo guiarnos en nuestras prácticas espirituales nos ayudan en gran medida, pero carecen de precisión y objetividad. Por eso, a menudo nos preguntamos cómo podemos estar seguros de lo que Dios espera que hagamos y si a otras personas les sucede lo mismo.

Tras haber recopilado y clasificado los testimonios de personas que experimentaron transformaciones en su vida —los cuales he obtenido a través de fuentes personales, libros, películas y programas radiales—, me doy cuenta de que para poder responder a estos planteamientos de forma precisa y objetiva sería necesario hablar con muchísimas personas y analizar un sinnúmero de experiencias humanas. (¡Siempre supe que no sería yo quien pudiera emprender semejante empresa!). Pero en el año 2002, tuve la grata sorpresa de que alguien había llevado a cabo esta tarea y había publicado los resultados en un formato sencillo.

El Dr. Donald O. Clifton, de Gallup, comenzó este trabajo hace más de 40 años. Reconoció la existencia de patrones en los talentos que Dios concede a las personas desde el nacimiento y tuvo la certeza de que debía responder al llamado divino a usar sus propios talentos para ayudar a otras personas a hallar los suyos. Con este objetivo en mente, investigó los patrones naturales de pensamiento, sentimiento y conducta de dos millones de personas en más de 25 países. Como resultado, surgió Clifton StrengthsFinder, una herramienta disponible en Internet que revela los cinco talentos principales de una persona: los talentos dominantes. Gracias a este libro, usted tendrá acceso a la evaluación StrengthsFinder.

El trabajo del Dr. Clifton confirma de manera objetiva que el patrón específico de talentos de una persona es único e irrepetible. Al Winseman y Curt Liesveld se sumaron al proyecto del Dr. Clifton y han adaptado el programa StrengthsFinder para que se ajustara especialmente a las necesidades de las parroquias y los feligreses. Describieron los resultados de las investigaciones, los ilustraron con testimonios reales e identificaron los patrones de talentos en las Escrituras. Es para mí un privilegio escribir el prólogo a la edición para la Iglesia Católica de *Viva sus fortalezas*.

¿Saben qué solían decirme las personas cuando predicaba que Dios nos dotó a cada uno de nosotros con distintos talentos cuando nos creó a su imagen y semejanza? "Sí, Padre, pero es que yo no tengo ningún talento". Lo que mis feligreses querían decir era que, por ejemplo, no sabían tocar el piano o dibujar bien. De este modo, el mensaje de corresponsabilidad de tiempo y talento se tergiversaba cada vez más.

Luego introdujimos *Viva sus fortalezas* en la vida de nuestra parroquia. Desde entonces y hasta el momento, más de 200 feligreses han descubierto sus talentos dominantes, que son los talentos principales concedidos por Dios. En la recepción de nuestro centro parroquial, exhibimos los retratos y los talentos dominantes de todos ellos. También mostramos nuestros talentos dominantes en nuestros identificadores en la parroquia. Un fin de semana por mes, hacemos pequeñas ofrendas que simbolizan las características de un talento en particular. Todas las semanas, en las intercesiones generales, rezamos por el desarrollo de las características de un talento en particular.

Es más: las penitencias que sugiero en el sacramento de la reconciliación se basan en los talentos que Dios le dio a cada feligrés. Los relatos que narro durante el sermón a menudo hacen referencia a los talentos principales que Dios les concedió a los protagonistas. Todos los meses, se forma un nuevo grupo de entre diez y catorce feligreses que se reúnen durante cuatro semanas para descubrir sus propios talentos y los de otras personas en mayor profundidad. Al principio, los miembros del grupo no se conocen entre sí, pero después de un tiempo, quieren permanecer en contacto.

Como el concepto de corresponsabilidad de tiempo y talento se ha vuelto mucho más específico y objetivo, los resultados de nuestras ofrendas han aumentado en gran medida. El ofrecimiento de asistencia, las ofrendas que simbolizan los talentos y las de índole pecuniario, así como el tiempo que los feligreses dedican al servicio parroquial y comunitario crecen día a día, y cada vez se hacen más evidentes la gratitud y la generosidad. Gracias al acentuado sentido de colaboración y respeto mutuo, nos resulta más sencillo llevar a cabo proyectos pequeños o de mayor envergadura.

Luego de haber descubierto cuáles eran los talentos dominantes de cada uno de nosotros en mi pequeña iglesia parroquial, en lugar de conversar "acerca" de Dios, empezamos a compartir relatos sobre "tener la experiencia de" Dios. Casi sin darnos cuenta, comenzamos a poner en práctica algo que el Papa Benedicto XVI dijo en una audiencia semanal: que no somos precursores de una idea, sino testigos de una persona. Gracias al descubrimiento de los talentos que Dios nos concedió y a la capacidad de poder observar esos talentos en los demás, hemos logrado encontrar a Dios en un nivel más profundo dentro de nosotros mismos y en el prójimo.

Al hacer la evaluación Clifton StrengthsFinder, los feligreses tienen estas tres reacciones:

- *Asombro ante su precisión.* "¿Cómo pueden saber todo esto acerca de mí?". Por supuesto, el programa se basa en nuestras propias respuestas personales a las frases que aparecen en la encuesta por Internet, así como en los patrones de talento que surgen a partir de los patrones de conducta de tantas personas.

- *Verdadera sorpresa.* "Siempre pensé (o mejor dicho escuché) que algunas conductas mías eran debilidades. ¡Nunca imaginé que en realidad eran valiosos talentos!". No es de extrañar que el Dr. Clifton haya sido nombrado el padre de la psicología basada en las fortalezas* por su empeño en resaltar los aspectos positivos de cada persona.

- *Gratitud.* "En los tres años que han pasado desde que descubrí nuestros talentos dominantes, he podido comprender mejor a mi pareja, más que en los treinta años anteriores". Lo mismo les sucede a otras personas con respecto a sus hijos adolescentes, padres, jefes, compañeros de trabajo, amigos... ¡y hasta los que consideran sus enemigos!

*Donald O. Clifton (1924-2003) recibió una distinción de la Asociación Americana de Psicología y fue catalogado como el padre de la psicología basada en las fortalezas en el año 2002.

Carl Rogers, otro psicólogo estadounidense, dijo una vez que lo más personal es lo más general. Es decir, que las cosas que suceden en lo más profundo de nuestro ser son las mismas que les pasan a todas las demás personas. Por eso, siempre que en mi sermón narro anécdotas de personas reales cuyas vidas han cambiado radicalmente, los feligreses se sienten identificados en ellas, reconocen la veracidad de esos relatos en su experiencia y en su alma.

Por ejemplo, cuando relaté cómo el antropólogo y biólogo marino Thor Heyerdahl superó su miedo a nadar, una madre de mi parroquia me contó que, luego de escuchar el relato, su hijo fue por primera vez a la biblioteca de la escuela y retiró un libro sobre la vida de Heyerdahl. Todos los seres humanos anhelamos descubrir la conexión profunda que existe entre nosotros como criaturas de Dios, nuestras singularidades y similitudes en este mundo fragmentado. StrengthsFinder nos ayuda a satisfacer este profundo deseo humano.

La Iglesia tiene el deber de guiar al mundo para que encuentre este tesoro enterrado en el campo de la experiencia humana, esta perla de inconmensurable valor. Hace casi 40 años, Joseph Ratzinger se refirió a esta búsqueda como a la naturaleza dual de la fe: por un lado, profundamente personal; por otro, ampliamente comunitaria. El futuro Papa Benedicto XVI señaló que la fórmula dialógica del antiguo rito bautismal —en la cual al bautizado se le pregunta si cree y él responde que sí— es el modelo de nuestra búsqueda del reino de Dios. En su *Introducción al cristianismo,* escribió: "En este proceso de viraje, que como tal debe ser entendida la fe, se alternan el yo y el nosotros, el yo y el tú, en un juego que revela toda una concepción de la humanidad... las relaciones con Dios, con el tú y con el nosotros se entrelazan... (Dios) busca a los hombres en su cohumanidad" [traducción propia no publicada].

Mis feligreses llevan esta verdad a la práctica cuando se preguntan no sólo si están siguiendo el camino correcto, sino también si a las demás personas les sucede lo mismo. Clifton StrengthsFinder es la herramienta empírica más práctica con que cuentan las parroquias para llevar a cabo la trascendental tarea de unificar la existencia humana. En la encíclica que escribió al concluir el Gran Jubileo del año 2000, Juan Pablo II hizo referencia a una "espiritualidad de la comunión": la capacidad de sentir al hermano de fe como "uno que me pertenece". Una de mis feligresas me contó que, tras haber descubierto cuáles eran sus talentos dominantes, empezó a llevarse mucho mejor con sus compañeras de trabajo. Cuando le pregunté a qué se debía tal cambio, su respuesta fue: "Ahora me doy cuenta de que mi forma de hacer las cosas surge de mis talentos y, como ellas tienen talentos diferentes de los míos, también tienen otra manera de actuar. Comprendí que mi forma de hacer las cosas no es la única posible".

Eso demuestra que, cuanto más nos respetamos a nosotros mismos, más podremos respetar a los demás. Y si logramos concebir el mundo de esa forma, resulta más fácil encontrar a Dios. Me refiero a un mundo más grato y más digno. Eso hace que sea un mundo más eucarístico, que proclama el misterio de la fe en cualquiera de las formas en que usemos nuestros dones.

Le estoy profundamente agradecido a Gallup por compartir sus investigaciones con nosotros y ayudarnos a convertirnos en una parroquia más agradecida. Mi vida personal se ha enriquecido y la vida de nuestra parroquia es más fecunda gracias a las bendiciones que los talentos de los autores de este libro —concedidos por Dios y tan generosamente compartidos por ellos— han hecho recaer sobre nosotros.

En las intercesiones generales de la misa diaria, un feligrés de mi parroquia siempre pide: "Que podamos contar con la gracia de poder descubrir la voluntad de Dios para con todos nosotros y el coraje para llevarla a cabo". Este libro es la respuesta a esa plegaria. Quien lo lea recibirá la bendición de poder descifrar su propio código, en la propia búsqueda misteriosa del inconmensurable tesoro que Dios nos ha concedido.

Monseñor Bill Hanson, pastor
Iglesia St. Gerard Majella
Port Jefferson Station, Nueva York
Fiesta de Pentecostés
Junio de 2006

INTRODUCCIÓN

La Iglesia de los Estados Unidos está experimentando una escasez de energía. No es esa clase de problema cuya solución consiste en instaurar plantas de gas natural, cavar pozos de petróleo o construir plantas eléctricas. Nos encontramos frente a un desabastecimiento de potencial humano que se sienta satisfecho. En muchas iglesias de todo el país, suele ocurrir que las personas desaprovechan el poder de sus dones innatos. Sus vidas no cumplen con el propósito de Dios. Y la mayoría ni siquiera es consciente de ello.

Un estudio que Gallup llevó a cabo recientemente a nivel nacional reveló las raíces de este problema: la mayoría de las personas (el 53%) no está de acuerdo con la frase "en mi parroquia, tengo la oportunidad de hacer lo que mejor sé hacer". Es evidente que los talentos y las fortalezas de muchos individuos pasan inadvertidos y no son valorados. Esto deriva en una enorme pérdida de potencial humano que podría aprovecharse en pos de la transformación de la sociedad.

Es preciso llevar a cabo una revolución en nuestras parroquias: una revolución basada en fortalezas. Este libro se ha escrito para comenzar esa revolución.

EL DISPARATE DE "EVITAR LAS DEBILIDADES"

Si usted es como la mayoría de la gente, ha crecido con el modelo de "evitar las debilidades". Le habrán dicho que, para ser fuerte y exitoso y para servir verdaderamente a Dios y al mundo, debe "corregir" sus debilidades. Le han dicho que sus talentos y fortalezas son fuente del pecado de orgullo. Según los "expertos en debilidades", lo que necesita es desarrollar las áreas de su personalidad en las que no se destaca *ningún talento*. Ellos creen que sólo así estará preparado para servir plenamente a Dios y al mundo.

Esa forma de pensar es simplemente errónea.

Durante los últimos 30 años, los resultados de las investigaciones de Gallup acerca del potencial humano, que incluyen entrevistas a más de dos millones de personas, son contundentes: todo lo que hagamos nos saldrá mucho mejor si erigimos nuestra vida sobre nuestras capacidades naturales en vez de nuestras debilidades. *¡Debemos concentrarnos en nuestros talentos más que en ninguna otra cosa!* El problema es que la mayoría de las personas ni siquiera sabe cuáles son sus talentos principales ni cómo descubrirlos. *Viva sus fortalezas* lo ayudará en ese camino.

Al leer este libro, recuerde en todo momento que Dios le ha concedido una combinación de talentos única e irrepetible. Asimismo, Dios le hace un llamado: el de servir al prójimo y fomentar la causa de Cristo y la Iglesia. En pocas palabras, tener vocación de servicio. La vocación de cada persona son los planes que Dios tiene para su vida; sus talentos y fortalezas determinan de qué modo lo logrará. Al descubrir sus talentos, usted comenzará a descubrir su vocación.

Dios ha bendecido a todos los seres humanos con un inmenso potencial de talentos sin explotar. Ese potencial es su talento, que espera ser descubierto y llevado a la práctica. Ya es hora de que dé rienda suelta a su potencial y comience a descubrir sus singulares talentos.

Para empezar, haga la evaluación Clifton StrengthsFinder de Gallup por Internet. En la página siguiente, hallará las instrucciones necesarias respecto a cómo hacer la evaluación Clifton StrengthsFinder. Luego prepárese para embarcarse en una aventura que sin duda le cambiará la vida.

Haga la evaluación
Clifton StrengthsFinder®

Antes de continuar con la lectura, le recomendamos que se dirija al sitio Web sf1.strengthsfinder.com para hacer la evaluación Clifton StrengthsFinder 1.0. Al final del libro, encontrará el código de acceso único.

CAPÍTULO 1

El poder del rol adecuado

El testimonio de Liz y Rick es un buen ejemplo de que las parroquias a veces no logran aprovechar al máximo las habilidades naturales de sus feligreses.

Liz y Rick tienen alrededor de treinta años y conforman un matrimonio que, después de mudarse a otra ciudad y establecerse en su nuevo hogar, comenzó a ir a misa en una parroquia de su vecindario. Ambos habían participado activamente en su parroquia anterior y deseaban hacer lo mismo en la nueva. No estaban seguros de lo que querían hacer, pero sabían con certeza que querían hacer algo más que ir a misa. Una tarde, mientras leían el boletín informativo semanal de la parroquia, decidieron enviarle un mensaje de correo electrónico a la coordinadora de actividades parroquiales a fin de presentarse y ofrecer su colaboración.

Al poco tiempo, la coordinadora los llamó para ofrecerles que se encargaran de recibir a los feligreses antes de misa durante el mes de julio. Rick y Liz aceptaron con gusto y cumplieron con su compromiso de recibir a los otros feligreses durante los cinco domingos de julio.

Pero ambos vivieron la experiencia de forma diametralmente opuesta. "¡Me encantó!", recuerda Liz. "Fue genial estar a cargo de recibir a los feligreses, porque me dio la oportunidad de conocer gente nueva y al mismo tiempo sentí que podía colaborar con la parroquia. ¡Ojalá pudiera hacerlo todas las semanas!".

Pero la reacción de Rick no fue tan positiva. "No me gustó para nada. Me sentía muy incómodo. No sabía qué hacer ni qué decir. A diferencia de Liz, no me resulta fácil relacionarme con desconocidos. Supongo que soy tímido por naturaleza. Espero que no me pidan volver a hacerlo nunca más".

Al pedirles a Liz y a Rick que estuvieran a cargo de recibir a los feligreses en la misa del domingo, la coordinadora de actividades parroquiales debe de haber pensado que cualquier persona puede cumplir ese rol, lo que adhiere al mito de que para demostrar la fe es preciso involucrarse en cualquiera de las actividades de la parroquia. Seguramente creyó que a todos les agradaría esa forma de conocer a otras personas. Por eso, les pidió a Liz y a Rick que desempeñaran esa tarea sin antes determinar cuáles eran sus capacidades naturales, sus talentos. Tuvo suerte con Liz, cuyo compromiso seguramente aumentará con esta experiencia. Pero si continúa pidiéndole a Rick que reciba a los feligreses, muy pronto disminuirá su compromiso.

¿Por qué reaccionaron Liz y Rick de manera distinta? Porque a Liz le encanta conocer gente nueva y ganarse su aprecio. En su concepción del mundo no hay extraños, sino amigos que todavía no conoce. Por eso, el ocuparse de recibir a los feligreses antes de misa cuadra naturalmente con las capacidades innatas de Liz. Por el contrario, a Rick no le gusta conocer y saludar a tantas personas. Como no le surge naturalmente, lo hace sentir muy incómodo. Él prefiere profundizar relaciones ya existentes en lugar de forjar otras nuevas.

Lo mismo que le pasa a Rick les pasa a muchas personas en diferentes parroquias a lo largo y a lo ancho del país. ¿Y usted? ¿Ya encontró su "lugar" en la parroquia? ¿Tiene usted la oportunidad de hacer con regularidad lo que mejor sabe hacer? ¿De aprovechar sus talentos y fortalezas? ¿Su forma de servir a Dios, a su parroquia y al prójimo le produce alegría y satisfacción? ¿Lo hace superarse como persona?

Si la respuesta a alguna de estas preguntas es negativa, ¡siga leyendo! Su vida en la parroquia —sin mencionar su vida personal, familiar y profesional— puede llegar a ser mucho más plena. El primer paso para lograrlo es definir qué constituye una fortaleza y qué no.

¿QUÉ ES UNA FORTALEZA?

Para empezar a conocer y vivir sus fortalezas, es preciso comprender qué es una fortaleza. Una **fortaleza** es la capacidad de proporcionar un desempeño constante de excelente nivel en una determinada actividad. Esta capacidad es una combinación poderosa y productiva de talento, destreza y conocimiento.

A fin de definir con mayor precisión lo que es una fortaleza, analicemos el caso de Steve, quien ha dictado clases de Historia de la Iglesia en su parroquia durante los últimos 20 años. Sus clases se encuentran entre las más populares y generalmente en el salón no queda lugar ni para un alfiler. "Empecé a dictar estas clases cuando me ofrecí como voluntario para ayudar al padre Warren, nuestro pastor, en un curso de seis semanas de duración sobre el Evangelio según Marcos durante la Cuaresma", recuerda. "Como en mi trabajo dicto cursos de capacitación, pensé que en la parroquia podría hacer lo mismo. ¡Y me encantó! Pero aunque desde un principio me fue bien, quería hacerlo mucho mejor".

Con el correr de los años, Steve asistió a clases en la universidad jesuita de su comunidad, aprendió rudimentos de griego de manera autodidacta, se suscribió a una revista sobre la historia de la Iglesia y aprendió a hacer presentaciones multimedia para mejorar la calidad de sus clases. "En estos 20 años, he mejorado muchísimo como profesor. El esfuerzo definitivamente ha valido la pena". Steve comenzó con un talento natural para la enseñanza y, al sumar distintas destrezas y conocimientos a esa base tan poderosa, desarrolló una fortaleza.

La clave para crear una fortaleza es, en primer lugar, identificar sus talentos dominantes, luego ahondar en esos talentos para descubrir cuáles son las características que más se evidencian en usted y, por último, complementar sus talentos con conocimientos y destrezas relacionados con una tarea específica.

Los **talentos** son patrones innatos y recurrentes de pensamientos, sentimientos o conductas que pueden ser usados en forma productiva. A diferencia de las destrezas y los conocimientos, los talentos existen de manera natural y no pueden ser adquiridos. Constituyen sus predisposiciones innatas. Son las cosas que usted hace por instinto y que naturalmente le brindan satisfacción. Sus reacciones espontáneas e inmediatas ante las situaciones que se le presentan constituyen el mejor indicador de sus talentos. Todas las personas tienen talentos, pero algunos se reconocen con más facilidad que otros, simplemente porque esas personas están en roles donde consistentemente se desempeñan con excelencia, y porque esos roles son compatibles con sus predisposiciones naturales.

¿Cómo se manifiesta un talento? Un talento puede ser la tendencia natural a:

- ser competitivo

- percibir las emociones de los demás

- actuar bien bajo presión

- hacer reír a los demás

- disfrutar de los rompecabezas

- reconocer la singularidad de cada persona

- imaginar y expresar claramente una posible situación futura

Las **destrezas** son las capacidades básicas para ejecutar uno a uno los pasos fundamentales de una tarea. Se pueden adquirir a través de una capacitación formal o informal. Una vez que ha adquirido las destrezas necesarias para llevar a cabo una actividad determinada, ya tiene usted la capacidad de ejecutar cada uno de sus pasos con una capacidad de nivel básico.

¿Cómo se manifiesta una destreza? Una destreza puede ser la capacidad de llevar a cabo los pasos fundamentales para:

- sumar y restar

- procesar el reclamo de un cliente de seguros

- utilizar programas informáticos para hacer una presentación

- ponerle una inyección a un paciente

- preparar la planificación de una lección

- registrar a alguien en un hotel

El **conocimiento** es ni más ni menos que lo que usted sabe. Usted puede adquirir conocimientos mediante la educación y la capacitación. Puede ser un conocimiento fáctico; como por ejemplo, las palabras de un idioma extranjero, los libros de la Biblia, las características de un software o la tabla periódica de elementos. También puede ser un conocimiento basado en la experiencia, el que no se enseña en las aulas ni en los libros. El conocimiento basado en la experiencia puede incluir las reflexiones o la conciencia que ha adquirido usted a través de la experiencia.

¿Cómo se manifiesta el conocimiento? Gracias a los conocimientos, usted podría saber:

- cómo tratar a un cliente disgustado

- cómo enfrentar el estrés relacionado con el trabajo

- a qué hora se da la misa en su parroquia

- cuáles son las normas de seguridad de la Administración Federal de Aviación de Estados Unidos

- qué parte de una lección resulta difícil para sus estudiantes

- cuál es el camino más rápido a la tienda de comestibles

- por qué y de qué manera Martín Lutero inició la Reforma protestante

Una diferencia importante entre los talentos, las destrezas y los conocimientos es que, si bien las destrezas y los conocimientos pueden ser adquiridos, su aplicabilidad es limitada, porque puede que se refieran a situaciones muy específicas. El hecho de que alguien sea un contador exitoso no significa que también pueda ser un cirujano exitoso. Las destrezas y conocimientos que se requieren para la contabilidad son muy distintos de los que se necesitan para la cirugía. Sin embargo, si tiene el compromiso y se le brinda el tiempo y la oportunidad de aprender, un contador podría llegar a aprender las destrezas necesarias para ser cirujano, y viceversa. Pero con los talentos sucede algo distinto. Sin poseer los talentos necesarios para realizar esas actividades, el cirujano no podría *sobresalir* como contador y el contador no podría *sobresalir* como cirujano.

Los talentos son transferibles de una situación a otra. El recepcionista de un hotel que instintivamente sabe hacer sentir a un huésped bienvenido y "como en su casa", quizás también pueda estar a cargo de recibir a los feligreses en su iglesia. Las destrezas y los conocimientos se pueden adquirir, pero no le serán de gran ayuda, a menos que mejoren un talento.

El apóstol Pablo es un claro ejemplo de una persona cuyos talentos permanecen constantes en distintas situaciones. Antes de su conversión en el camino a Damasco (Hechos 9), Pablo —quien entonces era conocido como Saulo— atacaba a los cristianos con tenacidad, fervor y determinación. Luego de su conversión, Pablo defendía a los cristianos con tenacidad, fervor y determinación. Su conversión no cambió sus talentos. Lo que cambió como resultado de su conversión fueron sus *valores*. Después de su encuentro con Cristo resucitado, en vez de utilizar sus talentos para rastrear y perseguir cristianos con el fin de destruir la Iglesia, Pablo utilizó esos mismos talentos para buscar y convertir a los opositores del cristianismo en pos del crecimiento la Iglesia. Los mismos talentos por los cuales era un enemigo acérrimo de la Iglesia, lo convirtieron en su seguidor más fiel.

El elemento fundamental de cualquier fortaleza es el talento. Cuando usted mejora un talento mediante el aporte de destrezas adecuadas y conocimientos útiles, habrá creado una fortaleza. Recuerde que, para vivir sus fortalezas, primero tiene que identificar sus talentos más importantes. Cuando usted hizo la evaluación Clifton StrengthsFinder, identificó sus cinco talentos principales: sus "talentos dominantes".

UNA TEOLOGÍA BASADA EN FORTALEZAS

Hay algo en el concepto de los talentos y las fortalezas que simplemente es reconfortante. Cuando logramos descubrir e identificar nuestros talentos, sentimos que algo vibra en lo profundo de nuestro ser, como si nuestro espíritu resonara con la certeza de que hemos hallado el camino correcto hacia nuestra realización, al pleno desarrollo personal como criaturas de Dios. Y esa certeza está acompañada de un sentimiento de liberación: al identificar nuestros talentos, somos libres para desarrollarlos y vivir de acuerdo con ellos. El ponerles un nombre a nuestros talentos principales nos permite aceptar aquello para lo cual tenemos menos talento y, en consecuencia, descartarlo o manejarlo de algún modo. Nos permite dejar de intentar ser lo que no somos y concentrarnos en quienes somos en verdad: la persona que fuimos creados para ser originalmente.

La tradición judeocristiana confirma lo que ya sabemos en nuestras almas. Considere estos pasajes del Antiguo y el Nuevo Testamento:

- El primer relato sobre la creación del Génesis, el primer libro del Antiguo Testamento, describe una escena de belleza, serenidad y bondad. El logro supremo de la creación fue la especie humana:

Y creó Dios al hombre a su imagen;
   a imagen de Dios lo creó;
   varón y mujer los creó.

Y vio Dios todo lo que había hecho: y era muy bueno...
Génesis 1, 27; 1, 31

- En el libro de Jeremías del Antiguo Testamento, encontramos lo siguiente:

El Señor me dirigió la palabra:
—Antes de formarte en el vientre te elegí,
   antes de salir del seno materno te consagré
   y te nombré profeta de los paganos.
Jeremías 1, 4-5

- En su Primera Carta a los Corintios, el apóstol Pablo señala que cada integrante de la Iglesia posee distintos dones y talentos, que deben ser utilizados en beneficio de toda la Iglesia:

Existen diversos dones espirituales, pero un mismo Espíritu; existen ministerios diversos, pero un mismo Señor; existen actividades diversas, pero un mismo Dios que ejecuta todo en todos. A cada uno se le da una manifestación del Espíritu para el bien común.
1 Corintios 12, 4-7

Desde de un punto de vista espiritual, cuando negamos nuestros talentos y, en cambio, nos concentramos en nuestras debilidades, de alguna manera le estamos diciendo a Dios que sabemos más que él y que cometió un error al dotarnos de nuestra combinación de talentos única e irrepetible.

Considere el cuento jasídico del rabino Zusya. Siendo anciano, Zusya dijo: "En el mundo venidero no se me preguntará por qué no fui Moisés, sino por qué no fui Zusya"**. Dios nos preguntará lo mismo a cada uno de nosotros. No se espera de nosotros que seamos quienes *no somos*, sino quienes *somos* realmente.

Albergamos la esperanza de que este libro lo ayude a descubrir y reafirmar sus talentos más importantes, los talentos que Dios le concedió, y a aprender nuevas formas de ponerlos en práctica tanto en su parroquia como en su vida personal y profesional. Como mínimo, esperamos que al terminar de leer este libro sus actividades en la parroquia no le resulten tan frustrantes como le pasó a Rick, sino tan satisfactorias e inspiradoras como las que experimentó Liz. Sólo después de descubrir y llevar a la práctica sus talentos y fortalezas, podrá llegar a ser *la mejor versión de usted mismo.*

**Martin Buber, *Tales of the Hasidim: The Early Masters*, Nueva York, Schocken Books, 1975, p. 251.

ANÉCDOTAS SOBRE EL DESARROLLO DE FORTALEZAS

Orientación sobre el talento Competitivo

Dan y Renee, una pareja de novios comprometidos para casarse, se acercaron a pedirme orientación prematrimonial después de haberse reunido conmigo individualmente para que les brindara orientación sobre el desarrollo de sus fortalezas. Me sentí honrado de que acudieran a mí. Poco después de comenzado el encuentro, me contaron que él tenía el talento Futurista y ella, Contexto. Entonces pasamos a analizar las diversas formas en que las características opuestas de sus talentos se complementaban y a veces causaban conflictos.

Dan y Renee se mostraban sumamente motivados por estas conversaciones. Incluso Dan, que por naturaleza es muy callado, hablaba con entusiasmo sobre cómo la sesión lo ayudaba a reflexionar sobre sí mismo y su futura esposa.

Pero la mejor parte de nuestra reunión fue cuando Renee hizo referencia a que el talento Competitivo de Dan "la volvía loca". Ella sentía que desaparecía de la vida de su novio cuando miraban algún evento deportivo por televisión o iban a ver algún partido. Confesó que se sentía amenazada por su naturaleza competitiva y que tenía miedo de perder, durante un evento deportivo, el estrecho vínculo que los unía.

Como respuesta a esta inquietud, les pregunté si había alguna forma en que pudieran poner en práctica el talento Competitivo de Dan para fortalecer la relación en vez de que representara una amenaza para Renee. Al principio no supieron qué responderme, pero después de reflexionar entre ambos, comenzaron a compartir anécdotas sobre lo mucho que se divertían cuando salían juntos a caminar. Renee comentó que a veces jugaban carreras a ver quién llegaba primero hasta un poste telefónico, por ejemplo. Dan agregó: "Sí; a veces inventamos los juegos más simples ¡y nos morimos de risa!".

Entonces, repetí la pregunta sobre cómo podrían utilizar ese aspecto competitivo para fortalecer en lugar de amenazar su matrimonio. Durante los 20 minutos siguientes, se les ocurrieron muchísimas formas de establecer una conexión mutua sobre la base de la naturaleza competitiva de Dan. Creo que no dejaron de reírse mientras se les ocurrían formas divertidas de jugar y competir juntos, aunque Dan no siempre ganara. Al final del encuentro, Renee me dio las gracias por el descubrimiento de que podía encontrar formas placenteras de conectarse con el talento Competitivo de Dan.

Marc Otto
San Diego, California, Estados Unidos

La comunicadora

Estoy enamorada de las palabras desde que tengo uso de razón; siempre he sido una comunicadora. Los medios de comunicación han cambiado, pero mi personalidad siempre ha estado definida por una fascinación hacia la comunicación. Sin embargo, no fue sino hasta que descubrí las características que definen el talento Comunicación que logré entender por qué y cómo me atraía, e incluso impulsaba, la necesidad de comunicar.

Por ejemplo, antes de descubrir mi talento Comunicación, me preguntaba por qué me hacía tanto problema por una mera palabra en una oración larga o por una sola oración entre otras mil. ¿Y por qué insistía en que usar un sinónimo en vez de otro cambiaría todo el sentido de la frase? ¿O en que cambiar de lugar una oración en un trabajo de investigación cambiaría el curso del razonamiento? ¿Por qué discutía sobre semántica hasta en las conversaciones más triviales?

Cuando leí la descripción del talento Comunicación, me di cuenta de que este impulso de lograr la perfección en la comunicación es un talento, y no una debilidad. Durante toda mi vida me acusaron de maniática, elitista o perfeccionista por manifestar ciertas conductas que, según aprendí después, eran oportunidades de desarrollar mis fortalezas. Sentí como si me hubieran liberado, no *de* algo, sino *hacia* algo. No sólo logré deshacerme del peso de las falsas expectativas, sino que también comprendí el desafío de aprovechar al máximo el potencial de este talento no cultivado. Y lo más maravilloso de este proceso de descubrimiento es que, independientemente de cuántas fortalezas pueda crear al desarrollar mi talento Comunicación, el poderoso potencial en bruto nunca disminuye.

El desarrollo de las fortalezas es la maximización de por vida de un recurso infinito. Al terminar una bella escultura, se nos aparece otro bloque de mármol nuevo, tan perfecto y prometedor como el anterior.

Rebecca Syme
Bozeman, Montana, Estados Unidos

El fortalecimiento de la confianza

Al conocer mis talentos dominantes logré comprender muchas de mis conductas más habituales y se fortaleció la confianza en mí misma, al validarse mis decisiones y acciones. Por ejemplo, uno de mis talentos principales es Responsabilidad. Casi nunca tomo el camino más fácil, pero ahora sé por qué y además valoro mi talento Responsabilidad en vez de reprocharme interiormente mi forma de ser.

El conocer mis talentos dominantes también me ha permitido reconciliarme con la idea de ser emprendedora. En el mundo corporativo de los Estados Unidos, a las mujeres a veces se nos critica severamente por tener ambiciones, pero las personas que me rodean tienen una actitud más positiva con respecto a mi necesidad de lograr resultados y concentrarme en mi siguiente objetivo al ver que uno de mis talentos principales es Emprendedor.

Ponerle un nombre a mis talentos también ha afectado de forma positiva la valoración que tengo de *mí misma*. Sabía que me gustaba leer y probar cosas nuevas, pero no sabía que uno de mis talentos era Estudioso. No sabía que era Futurista; sólo pensaba que mi imaginación era muy frondosa.

El conocer mis talentos dominantes me brinda la confianza necesaria para poner en práctica mis dones naturales y aplicarlos a todos los aspectos de mi vida. Del mismo modo, el tener conciencia de los aspectos en que no soy tan talentosa, me permite saber cuándo pedir ayuda y cómo elegir a mis compañeros de trabajo para que nos podamos complementar. ¡Ojalá hubiera descubierto mis talentos dominantes hace 25 años! Me hubiera ahorrado muchas equivocaciones.

Dea Wilkins
Lutz, Florida, Estados Unidos

Un hombre que siempre aprovechó sus talentos... y los de los demás

Barrie tiene vasta experiencia como jefe del área de mantenimiento y reparación de vehículos. Bajo su mando, se han reparado y controlado miles de autos, vans y camionetas. Todas las empresas para las que ha trabajado han obtenido amplias ganancias gracias a él. En su último trabajo como jefe de taller en una empresa de servicios a vans y camionetas, Barrie logró triplicar las ganancias de la organización en menos de tres años. Cuando comenzamos la orientación para el descubrimiento de sus talentos, le pregunté como hacía para lograr semejante aumento en las ganancias. Me respondió que era una persona positiva y que lograba cualquier cosa que se propusiera, pero no pudo identificar más específicamente las cualidades que lo distinguían en su capacidad de lograr ganancias siderales.

Lo alenté a que se interesara más en sus cinco talentos dominantes, a saber: Organizador, Futurista, Idear, Positivo e Individualizar. A medida que leía las descripciones de esos talentos y hablábamos acerca de cómo se las ingeniaba para aumentar las ganancias, Barrie quedó encantado de descubrir que...

- Ni bien asumía un cargo, investigaba el área de servicios y visualizaba cómo sería esa sección si trabajara en óptimas condiciones. Imaginaba un ambiente de trabajo ordenado y profesional, en el cual el personal se sintiera motivado y valorado. Esto redundaría en un aumento de la productividad y la rentabilidad. Ahora que tiene noción de su talento Futurista, comprende que ese siempre fue el punto de partida de cada nueva función como jefe de taller. Para Barrie, el punto de partida fue siempre el mismo: visualizar el futuro.

- Sabía que, a fin de aumentar las ganancias, sería preciso invertir más dinero que el presupuesto asignado inicialmente, para lo cual necesitaría la aprobación de su superior. También tenía que convencer al personal, quienes al principio se rehusaban a aceptar los cambios diciendo: "Nunca lo hemos hecho de esa manera". La actitud positiva de Barrie con respecto a los resultados que podía lograr lo ayudaba a obtener el apoyo absoluto del gerente general y del personal para efectuar los cambios necesarios. Ahora comprende que gran parte de su éxito se debe al talento Positivo.

- Durante su primera semana de trabajo, se reunía en privado con todos los miembros del equipo, uno a uno, en orden aleatorio, sin tener en cuenta su jerarquía dentro de la empresa. *Todos* debían sentirse importantes y valorados. De ese modo, lograba comprender el rol que ocupaba cada uno en el trabajo, las actividades específicas en que se desempeñaban mejor (sus fortalezas) y sus aspiraciones para el futuro. También consideraba importante conocer los intereses personales y el entorno familiar de cada uno. Todos se mostraban muy dispuestos a colaborar. Una vez que contaba con esa información, Barrie adaptaba el rol de cada persona a fin de lograr que todos dieran lo mejor de sí mismos. Gracias a este método, el personal se sentía más motivado y valorado. Ahora comprende que gran parte de su éxito se debe al talento Individualizar.

- Le pedía a cada miembro del personal que reflexionara acerca de cómo funcionaría mejor el área en cuestión y lo invitaba a asistir a los talleres sobre incremento de las ganancias que él mismo organizaba. En estos foros, alentaba a sus compañeros de trabajo a que idearan estrategias para mejorar el funcionamiento del sector. Todos se sentían muy motivados al ver que se ponían en práctica sus buenas ideas. Por su parte, Barrie también aportaba sus propias ideas y le pedía al personal que corroborara su sensatez. Ahora comprende cómo su talento Idear ha contribuido en gran medida a su éxito.

- Deliberadamente, les confería a los líderes de grupo a su cargo autoridad y responsabilidad para poner en práctica los cambios que fueran necesarios y procuraba no interferir en sus funciones. Aunque esta metodología le impedía llevar a cabo los cambios por sí mismo y de alguna manera le generaba mayor presión, por otro lado redundaba en que los líderes de grupo asumían la responsabilidad de sus actos y los resultados correspondientes. Al mismo tiempo, esto creaba un verdadero equipo de trabajo con esfuerzos compartidos para llevar a cabo los cambios deseados. Ahora comprende cómo su talento Organizador ha contribuido en gran medida a su éxito.

Barrie ha descubierto que el secreto subyacente tras su fuerza —su capacidad para producir consistentemente importantes ganancias en el área de servicio y mantenimiento— es reconocer y desarrollar sus propios talentos principales y los de las personas que trabajan a su cargo. Ahora enfrenta nuevos desafíos poniendo en práctica sus talentos de manera específica. Y con el lenguaje que le brindan esos talentos, puede explicarle el concepto del desarrollo de las fortalezas a cualquier persona.

Frank Bennett
Exeter, Devon, Inglaterra, Reino Unido

CAPÍTULO 2

Cómo hallar el rol adecuado

Desde que somos niños, escuchamos decir que ser "polifacéticos" es una virtud. Se dice que sólo gracias a eso lograremos la aprobación de nuestros maestros, la obtención de buenas calificaciones, la posibilidad de ir a una excelente universidad y una carrera profesional exitosa (sin mencionar dinero, felicidad y plenitud). La escuela, los educadores y la sociedad en general siempre han impartido el mensaje de que debemos atenuar las imperfecciones. Nos educaron para ser sosegados y polifacéticos (o mejor dicho, para ser lo más sosos posible).

Pero el problema de la sabiduría convencional es que no tiene en cuenta quiénes somos en verdad. Además, *¡Dios no nos creó polifacéticos!*

¿Por qué no empieza hoy mismo a desafiar esa "sabiduría" y a valorar los talentos únicos que Dios le concedió? Al reconocer y utilizar sus talentos como la base para desarrollar las fortalezas, las personas se vuelven más sólidas.

Al concentrar toda nuestra atención en los talentos, desempeñamos las tareas y roles con mayor eficacia. Además, somos más exitosos y nos sentimos felices y realizados. Si no, pregúntele al Padre Dan. Al reflexionar sobre su trayectoria como pastor, el Padre Dan se dio cuenta de que, a pesar de no ser un orador público nato, igualmente era un buen predicador porque se concentraba en sus talentos. Según él mismo nos cuenta, los feligreses respondían más positivamente a sus sermones cuando lograba relacionar un concepto con una anécdota personal: cuando lograba ser una persona más transparente y auténtica.

Gracias a que uno de sus talentos dominantes es Relación, al Padre Dan no le resultaba difícil ilustrar conceptos con anécdotas. "Quienes tenemos el talento Relación, queremos ser genuinos, auténticos. Queremos ser nosotros mismos", dice el Padre Dan. Y agrega que se sentía a gusto al contar anécdotas personales, incluso delante de muchas personas. "Desde luego, como obviamente conocía bastante bien a esas personas, no tenía problema en mostrarme tal cual soy. Creo que a veces eso me permitía ser un mejor comunicador". A pesar de no haber nacido para hablar ante multitudes, su talento Relación —y quizá también el Estudioso— lo ayudaban a lograrlo. "Me gusta aprender cosas nuevas para luego hacerlas realidad a través de mis anécdotas", concluye.

Como le ocurrió al Padre Dan con sus talentos, la forma en que tendemos a reaccionar naturalmente determinará la manera en que encaremos un desafío, nos relacionemos con los demás y cumplamos el objetivo que Dios fijó para nuestra vida.

A esta altura, ya debe de haber completado la evaluación Clifton StrengthsFinder y descubierto cuáles son sus talentos dominantes. (Si aún no ha completado la evaluación, hágalo antes de continuar con la lectura). Sus talentos dominantes lo ayudarán a encontrar el rol más adecuado para usted, ya que son la clave para descubrir las maneras en que naturalmente piensa, siente y se comporta como individuo único e irrepetible. Es muy probable que los talentos dominantes le revelen qué es lo que usted "no puede no hacer". Para conocer estos talentos en mayor profundidad, le aconsejamos que haga lo siguiente:

- Una vez terminada la evaluación, imprima el informe sobre sus talentos dominantes de Clifton StrengthsFinder. Lea detenidamente y más de una vez las descripciones de sus talentos dominantes. Teniendo en cuenta que cada descripción es, en esencia, una serie de ejemplos de las características del talento en cuestión, analice las características que se mencionan. ¿Cuáles de estas características prevalecen más en usted? ¿Cuáles menos? ¿Se le ocurren otras características relacionadas con este talento que sean preponderantes en usted? No se limite a las características que se mencionan en esta descripción.

- Con el fin de familiarizarse cada vez más con sus talentos, lea la descripción completa al menos una vez al día durante tres semanas. Este es aproximadamente el tiempo que tarda una actividad en convertirse en hábito, según la opinión de algunos expertos en comportamiento. Piense hasta qué punto los ejemplos mencionados se ajustan a usted. Luego lea las descripciones de los talentos con un resaltador a mano. Marque las partes que mejor lo representan. Recuerde que un talento sólo es una suma de características y que, a pesar de que cada talento incluye varias características, algunas le serán más naturales que otras. Resaltar con un marcador las características que mejor lo definen lo ayudará a tener una comprensión más acabada del modo en que operan en su vida.

- Los talentos son tan naturales en nosotros que a veces no los vemos ni los valoramos. Para ver realmente nuestros talentos y la valiosa influencia que tienen en todas nuestras decisiones y maneras de actuar, necesitamos que otra persona "nos sirva de espejo". Para ver sus talentos "reflejados en ese espejo", cuénteles a dos personas (a cada una por separado) cuáles son sus talentos dominantes. Pueden ser familiares, compañeros de trabajo, amigos o cualquier otra persona con la que a usted le gustaría hablar sobre este tema. Explíqueles cuáles son sus talentos principales y luego pídales que le relaten algunos episodios en los que hayan sido testigos de la puesta en práctica de esos talentos en su vida.

A medida que vaya tomando mayor conciencia de sus talentos más importantes y de la manera en que se manifiestan en su devenir cotidiano, empezará a descubrir cuál es el rol más adecuado para usted en todas las áreas de su vida: las relaciones con los demás, el trabajo, las tareas que realiza como voluntario y su espiritualidad. Los capítulos 4 y 5 le brindarán más detalles sobre este tema.

CÓMO AYUDAR A QUE LOS DEMÁS DESCUBRAN CUÁL ES EL ROL MÁS ADECUADO PARA ELLOS

Ya sea usted pastor, líder laico o trabaje para una parroquia, es muy probable que colabore con otras personas para llevar a cabo la misión parroquial. Si es consciente de sus talentos y fortalezas, y los de la gente que trabaja con usted, podrá mejorar notablemente la eficacia y aumentar los logros.

Una vez que comprenda el concepto de las fortalezas y lo ponga en práctica, se dará cuenta de que es mucho más productivo sacar provecho de aquellas cosas que usted y los que lo rodean mejor saben hacer que esforzarse por corregir las "deficiencias" que cada uno pueda tener.

Bonnie hizo varios intentos hasta hallar finalmente el rol adecuado para ella dentro de su parroquia. Hacía relativamente poco tiempo que se había integrado en la parroquia y quería colaborar. Así que un domingo decidió responder al pedido del director de educación religiosa: necesitaban a alguien para trabajar con un grupo de jóvenes. "Pensé: '¿Qué tan difícil puede ser?'. Después de todo, yo también era joven (o al menos eso creía). Había sido adolescente y, por ende, podría entablar una buena relación con el grupo", nos relata.

Pero estaba equivocada. La experiencia fue desastrosa. Y frustrante. "No logré relacionarme con los chicos. Sus preguntas siempre me tomaban por sorpresa, así que no sabía qué responder y eso me hacía sentir una estúpida. Por suerte, para mí y para ellos, pude salirme y me reemplazaron por otra persona mucho más idónea", contó Bonnie. Luego intentó colaborar con la recepción de los feligreses y descubrió que tampoco era buena para eso. Le costaba tomar decisiones sobre la marcha y no servía para entablar conversaciones con desconocidos.

Un buen día, se dio cuenta de que el terreno donde se encontraba la parroquia se veía más bonito con unos canteros con flores. Cuenta: "Me armé de valor, me presenté ante la comisión encargada del mantenimiento del lugar y pregunté si me daban permiso para hacerlo. Me sorprendí al oír que la respuesta fue que sí. Así fue que comencé a planificar el diseño del parque: las flores que pondría, los colores que elegiría, la ubicación de las plantas y esa clase de cosas. Soy muy metódica y detallista, y parece que tengo el don de combinar patrones de colores. Y me encanta trabajar en el jardín. Es una tarea ideal para mí, y me hace muy feliz".

Por suerte, Bonnie fue perseverante. Otras personas, al no hallar el rol adecuado en el primer intento, probablemente hubieran desistido.

EL MANEJO DE LOS TALENTOS MENOS FUERTES

Las personas que tienen verdadero éxito y se sienten realizadas, como Bonnie, saben que esta máxima es absolutamente cierta: *"Se tiene éxito por lo que se es, no por lo que no se es"*. ¿Cómo puede usted ayudar a los demás para que hagan lo que naturalmente mejor saben hacer en vez de que intenten corregir las "deficiencias" que puedan tener? ¿Cómo puede darles un lugar en la parroquia, que les permita desarrollar sus fortalezas y al mismo tiempo colaborar con la misión parroquial? Hallará las respuestas a estas preguntas en las cuatro estrategias, con resultados comprobados, que ofrecemos a continuación.

De ser posible, evite utilizar sus talentos menos fuertes. Los talentos menos fuertes se convierten en una debilidad *sólo cuando intentamos usarlos*.

Lisa creció en una ciudad pequeña y la parroquia a la que asistía era muy tradicionalista. "A veces sentía la presión enorme de tener que hacer cosas completamente ajenas a mi forma de ser", nos dice. En esa parroquia, aunque nadie lo dijera explícitamente, se daba por sentado que las mujeres debían ofrecerse para trabajar como voluntarias en la guardería parroquial. "Se trata de cuidar niños, y todo el mundo supone que las mujeres son más cariñosas con los niños, ¿no? Pero yo no soy así", dice Lisa. "En la parroquia a la que asisto ahora, nadie me presiona para que sea lo que no soy. Por eso, me decidí a participar en el grupo de música. Aunque nunca antes había cantado en público, descubrí que me encanta y que, además, no lo hago para nada mal. Es reconfortante no sentir la obligación de tener que hacer algo para lo que no sirvo", concluye.

Utilice sistemas de apoyo. La mayoría de los adultos estadounidenses tenemos una deficiencia en común y empleamos un sistema de apoyo para vencerla. Lo que a muchos nos falla es la vista. Todas las mañanas, millones de personas despiertan y hacen uso de un sistema de apoyo (un par de anteojos o lentes de contacto) sin pensarlo y casi por instinto. Si usted es pastor, es muy probable que al dar el sermón cada domingo también utilice un sistema de apoyo para que todos lo oigan bien: un micrófono.

Hay una anécdota sobre lo que le ocurrió a un destacado ministro protestante cuando se dispuso a rezar el Padrenuestro junto a su congregación. Se puso de pie en el púlpito, miró a los cientos de fieles reunidos en la iglesia y dijo: "Ahora recemos todos juntos la oración que el Señor nos ha enseñado". Y luego empezó: "Ángel de la guarda, mi dulce compañía, no me desampares ni de noche ni de día". Cuando notó que nadie oraba, se percató de lo que estaba diciendo y se detuvo en seco. Se quedó mirando a los fieles por un instante y luego, sin pronunciar ni una palabra, bajó del púlpito, atravesó la puerta que estaba junto al presbiterio y se metió en su estudio.

Acto seguido, se sentó frente a la máquina de escribir, abrió la Biblia en el sermón de Cristo en el monte y copió el texto del Padrenuestro. Cuando terminó, regresó con sus fieles con la oración que acababa de copiar a máquina en la mano, y la colocó con tachuelas en el centro mismo del púlpito, donde de seguro siempre podría verla.

Como si nada hubiera pasado, volvió a comenzar: "Ahora recemos todos juntos la oración que el Señor nos ha enseñado". A la hora de rezar el Padrenuestro junto a los fieles, nunca más volvió a confiar en su memoria. De ahí en adelante, usó un sistema de apoyo.

Busque colaboraciones complementarias. Cuando Dios se le apareció a Moisés entre las zarzas ardientes y le pidió que regresara a Egipto y condujera a los israelitas hacia la libertad, Moisés le planteó un sinnúmero de objeciones, ya que no creía ser el indicado para esa misión. Moisés le dijo a Dios: "…Yo no tengo facilidad de palabra, ni antes ni ahora que has hablado a tu servidor; soy torpe de boca y de lengua" (Éxodo 4, 10). Entonces Dios le buscó un compañero: su hermano, Aarón. Moisés tenía talento para el liderazgo y la concepción de estrategias, pero era incapaz de enardecer a una multitud con sus discursos o de presentarse ante los reyes y encontrar las palabras adecuadas para dirigirse a ellos. En cambio, Aarón podía hacerlo sin problemas. Juntos, Moisés y Aarón formaron un gran equipo, que se hizo aun más fuerte cuando se sumó su hermana, María. A pesar de las luchas de poder (Números 12), este trío logró combinar sus fortalezas y talentos individuales —formó una colaboración complementaria— de manera tal que se potenció la eficacia de sus acciones exponencialmente.

En la vida cotidiana, también encontramos ejemplos de equipos que resultan eficaces. Jay, el presidente del consejo parroquial, aprendió la misma lección que Moisés. Según sus propias palabras, una de las experiencias más gratificantes de su vida espiritual fue haber podido encabezar el equipo de planeamiento estratégico. Su parroquia estaba atravesando un momento difícil. Por eso, el pastor decidió formar un equipo que se encargara de reformular la misión, los objetivos y la declaración de valores de la parroquia. Los miembros de ese equipo también tenían la responsabilidad de reestructurar la organización de la parroquia de modo que reflejara la nueva declaración de valores y de proponer cambios significativos en el programa que permitieran llevar a cabo su misión con mayor eficacia.

"Fue una empresa titánica", según Jay. "Aun así, creo que el pastor recibió ayuda divina a la hora de elegir el equipo, ya que la combinación de talentos de los nueve miembros fue la ideal para la tarea que tenían por delante". Jay todavía recuerda algunos de esos talentos. "Entre mis talentos dominantes cuento con Enfoque, Organizador y Mando. Así pude lograr que el grupo no se dispersara, asignar las distintas responsabilidades e impulsar a todos a trabajar. También tomaba decisiones difíciles cuando surgían desacuerdos".

Otros dos miembros del equipo, Adam y John, tenían Futurista y Estratégico entre sus talentos principales. Por ende, pudieron trazar una imagen de cómo sería la iglesia en diez o quince años. Y decidieron cuáles eran los pasos que debían seguir para llegar a ese objetivo. Amy, también miembro del equipo, poseía un talento Analítico excepcional. Siempre hacía que todos hicieran las preguntas correctas. "Ella nos instaba a repasar lo hecho durante la jornada para cerciorarse de que estuviéramos en el camino correcto", cuenta Jay.

Respecto a otros dos miembros del equipo, Jay recuerda: "Terry tenía un enorme talento Creencia, lo que fue de gran ayuda a la hora de evaluar nuestros valores. Y el talento Positivo de Sonya hizo que la tarea fuera más divertida: una bendición, teniendo en cuenta la magnitud del trabajo. Nuestro trabajo de equipo fue todo un éxito. Tanto así que aun hoy —siete años más tarde— se sigue usando como referencia en nuestra parroquia".

En síntesis, si el objetivo es formar un equipo, no podemos negar la importancia de hallar el rol adecuado para cada uno de los miembros. Cuando los talentos se complementan correctamente, los resultados son muy significativos.

Saque provecho de sus propios talentos y fortalezas. Otra manera de manejar las debilidades es basarse en las fortalezas para contrarrestar los talentos menos fuertes. Cuando Robert se ofreció a trabajar como voluntario en el servicio para atención de urgencias, ni él mismo podía creer lo que estaba haciendo. Su tarea sería la de consejero. "No soy una persona cariñosa ni sensible, de esas a quienes todos cuentan sus problemas. Me han llegado a decir que soy un tanto insensible. Supongo que tienen razón, porque a veces hiero los sentimientos de los demás sin siquiera darme cuenta", admite Robert.

A primera vista, no parecía que el rol de consejero fuera el adecuado para él, pero algo en su interior lo impulsaba a seguir adelante con la idea. "Creo que fue un llamado de Dios a que intentara superarme. La verdad es que siempre me había interesado la psicología; saber qué es lo que mueve a la gente a hacer lo que hace, y también sentía verdaderos deseos de ayudar".

Así que se metió de lleno en la tarea y descubrió que le gustaba mucho. Y los comentarios de su supervisor siempre han sido muy positivos. "Puedo escuchar los problemas de los demás sin involucrarme emocionalmente y luego los ayudo a buscar posibles soluciones sin juzgarlos", dice. "Por supuesto, soy lo suficientemente inteligente como para saber cuándo me supera un problema. En ese caso, derivo a la persona en cuestión a un profesional. Pero para ser un aficionado, ¡creo que lo hago muy bien!".

Como Empatía no es uno de sus talentos principales, Robert no tiende instintivamente a recurrir a ese talento para ayudar a las personas que hablan con él. Pero sus talentos Restaurador y Estratégico compensan esa carencia y le permiten participar en una tarea que de veras lo apasiona.

TALENTOS, FORTALEZAS Y DONES ESPIRITUALES

Tal vez se esté preguntando usted cuál es la relación entre descubrir sus talentos y desarrollar y poner en práctica sus fortalezas, y el concepto de dones espirituales. En sus cartas del Nuevo Testamento, Pablo se refiere varias veces a los dones espirituales, pero nunca exactamente del mismo modo:

Tenemos dones diversos según la gracia que Dios ha concedido a cada uno: por ejemplo, si hemos recibido el don de la profecía debemos ejercerlo según la medida de la fe; el que tenga el don del servicio, sirviendo; el de enseñar, enseñando. El que exhorta, exhortando; el que reparte, hágalo con generosidad; el que preside, con diligencia; el que alivia los sufrimientos, de buen humor.
Romanos 12, 6-8

Existen diversos dones espirituales, pero un mismo Espíritu; existen ministerios diversos, pero un mismo Señor; existen actividades diversas, pero un mismo Dios que ejecuta todo en todos. A cada uno se le da una manifestación del Espíritu para el bien común. Uno por el Espíritu tiene el don de hablar con sabiduría, otro según el mismo Espíritu el de enseñar cosas profundas, a otro por el mismo Espíritu se le da la fe, a éste por el único Espíritu se le da el don de sanaciones, a aquél realizar milagros, a uno el don de profecía, a otro el don de distinguir entre los espíritus falsos y el Espíritu verdadero, a éste hablar lenguas diversas, a aquél el don de interpretarlas. Pero todo lo realiza el mismo y único Espíritu repartiendo a cada uno como quiere.
1 Corintios 12, 4-11

Él nombró a unos apóstoles, a otros profetas, evangelistas, pastores y maestros. Así preparó a los suyos para los trabajos del ministerio, para construir el cuerpo de Cristo; hasta que todos alcancemos la unidad de la

fe y del conocimiento del Hijo de Dios, al estado de hombre perfecto y a la madurez de la plenitud de Cristo.
Efesios 4, 11-13

No nos interesa debatir sobre los dones espirituales de sanar, realizar milagros o hablar lenguas diversas. No somos expertos en esa área, y hasta los teólogos y los especialistas en textos bíblicos han discutido el significado de esos dones durante siglos. Pero si presta atención a los demás dones espirituales que menciona Pablo —la enseñanza, la evangelización, el liderazgo y otros similares—, se dará cuenta de que estos dones en realidad describen las distintas funciones ministeriales relacionadas con la Iglesia.

Quizá lo más correcto sea considerar estos dones espirituales como servicios o vocaciones. Sin embargo, Pablo aclara que estos dones deben utilizarse para mejorar la Iglesia y hacer que progrese, para preparar "a los suyos [los miembros] para los trabajos del ministerio, para construir el cuerpo de Cristo".

A lo largo de los siglos, el propósito de los cristianos ha sido identificar y poner en práctica la vocación o los dones espirituales únicos en ellos. La identificación de los talentos no pretende reemplazar la identificación de los dones espirituales. Es más, puede resultar un medio eficaz para reforzar los dones y la vocación de cada uno. Los dones espirituales lo ayudarán a descubrir *qué* servicio espera Dios que usted lleve a cabo; los talentos son la manera que Dios tiene de mostrarle *cómo* hacerlo.

Ron y Gina entienden esto. Además de pertenecer a la misma parroquia, tienen mucho en común: ambos creen que tienen el don espiritual de la evangelización y a ambos les apasiona compartir su fe para que los demás también puedan descubrir la plenitud de una vida como seguidores de Jesucristo. No obstante, sus talentos son un tanto diferentes. Los talentos dominantes de Ron incluyen Comunicación, Carisma y Significación, mientras que los de Gina, Relación, Empatía y Armonía.

Dice Ron: "El servicio que presto en la cárcel me ha cambiado la vida. De más está aclarar que me hizo ver una realidad completamente distinta. Voy una vez por semana y analizo fragmentos de la Biblia con los internos, lo que es todo un desafío. Muchas veces los muchachos asisten a mis clases sólo para hacer algo... algo que no sea estar sentado todo el día en la celda. Algunos tienen el preconcepto de que nadie los va a conmover hablándoles de Jesús. Mi misión personal es llegar a ellos particularmente, porque veo que sus vidas empiezan a cambiar cuando se abren al amor de Dios. Me emociona ver cómo empiezan a responder cuando comprenden que soy la herramienta que Dios utiliza para llegar a ellos". El éxito de Ron con el don espiritual de la evangelización está basado en hacer un uso productivo de sus talentos naturales.

Lo mismo pasa con Gina, cuyo corazón sufre muchísimo cuando ve que sus amigos están pasando por una situación difícil. "Es en esos momentos cuando siento que puedo ser la herramienta de Dios para revivir o profundizar la fe de alguien", dice. Gina quiere que sus amigos entiendan que pueden contar con el apoyo de Dios en los tramos difíciles de sus vidas, que basta con volver el rostro hacia Dios para que él esté con ellos. "Sus vidas serían mucho más satisfactorias", dice ella, "y todo les resultaría más fácil si dejaran en manos de Dios no sólo la manera de resolver los problemas, sino también sus vidas". A los más allegados, Gina les habla de todo lo que le ha significado su fe en la vida. "Es lo que haría cualquier amigo", sintetiza Gina.

Tanto Ron como Gina ponen en práctica el don espiritual de la evangelización en sus vidas. Pero las formas en que lo hacen —los pasos que siguen para lograr los resultados deseados— son totalmente diferentes, porque sus talentos no son los mismos.

Si usted ya inició el proceso de ayudar a la gente de su parroquia a descubrir sus dones espirituales, ayudar a cada persona a hacer lo mismo con sus talentos resultará en una combinación muy poderosa. La identificación de los dones espirituales determina los resultados; el descubrimiento de los talentos, el método para lograr dichos resultados.

ANÉCDOTAS SOBRE EL DESARROLLO DE FORTALEZAS

Una decisión difícil

Hace cuatro años, era vicedirector de una escuela secundaria y estaba por cumplir treinta años de profesión. Gracias a mi trayectoria y buen expediente como vicedirector y administrador escolar, me ofrecieron optar entre tres nuevos cargos posibles: director de escuela primaria, director de escuela secundaria o vicedirector del departamento de instrucción y currículo del distrito. Inmediatamente rechacé la opción de la escuela primaria, ya que la mayor parte de mi carrera había transcurrido en el ámbito de la educación secundaria. Pero aún debía enfrentarme al dilema que me presentaban las otras dos opciones: ser el director de una escuela secundaria que acababa de construirse (con una extensión de 4 hectáreas, 2.600 alumnos y 360 miembros del personal, entre el cuerpo docente y el no docente) o ser vicedirector de departamento en un distrito escolar del que dependían más de 15.000 alumnos y 12 escuelas de nivel inicial, 4 primarias y 2 secundarias.

Si bien me gustaba trabajar con docentes, no docentes y alumnos en el ámbito escolar, me preguntaba: "No aspira todo administrador escolar a ocupar un cargo en la administración pública? ¿A trabajar en la oficina del distrito?". Cuanto más pensaba en ello, más me halagaba el ofrecimiento del cargo público, porque para alcanzarlo en general primero hay que ejercer como director de escuela. Sin embargo, yo tenía la oportunidad de saltarme ese paso y pasar del cargo de vicedirector de escuela al de asistente de superintendente.

Durante tres agotadores días, estuve tratando de definir lo que haría con mi futuro. Tanto así que en ese lapso mi esposa y yo prácticamente no hablamos de otra cosa. Cada día me levantaba con una decisión tomada, la sopesaba durante todo el día y me iba a dormir con otra opinión. Pero lo volvía a pensar durante la noche y, a la mañana siguiente, cambiaba de idea otra vez. Les pedí consejo a mis amigos más íntimos: todos pensaban que debía aceptar el cargo en el distrito porque podía ser más útil allí. Pero aun después de escuchar su consejo, seguía en la misma encrucijada, incapaz de tomar una decisión con la que pudiera comprometerme plenamente.

Entonces decidí analizar las opciones desde otra perspectiva: en vez de intentar adecuarme a uno de los dos cargos, haría que los cargos se adecuaran a mí. En una oportunidad, había trabajado en la pequeña comunidad religiosa de mi iglesia como moderador, ayudando a que los demás identificaran y entendieran sus talentos dominantes. Mis cinco talentos principales son Relación, Contexto, Inclusión, Organizador y Armonía.

Enseguida me di cuenta de que, si me basaba en estos talentos, iba a ser muy fácil tomar una decisión: me sentiría satisfecho en lo personal y podría hacer un uso óptimo de mis talentos más importantes si mi tarea consistía en trabajar con grupos de individuos para que alcanzaran metas en común y en alentar a otros a formar parte de esa misma visión. Además, soy una persona que disfruta de tener que enfrentar varios desafíos al mismo tiempo (mi esposa siempre dice que nunca espero a terminar una tarea para comenzar con otra) y disfruto cuando debo interceder y mediar entre personas con distintos puntos de vista. Iba a tener muchas más oportunidades de utilizar mis talentos de esa manera en el ámbito de la escuela secundaria que en la oficina de distrito.

La niebla de la duda enseguida se disipó y pude ver con claridad que el rol de director de escuela secundaria sería el más adecuado para *mí*. Dejé de lado la vanidad y el ego y le informé de mi decisión al director de distrito. Él quería que aceptara el cargo en la oficina del distrito e intentó persuadirme para que cambiara de opinión. Pero me mantuve firme, le expliqué los motivos y él los respetó. Hace tres años que soy director de escuela secundaria y en ningún momento me he arrepentido de la decisión. Para ser franco, si no hubiera tenido en cuenta mis talentos dominantes, es probable que hubiera aceptado el cargo en la oficina del distrito, y no me sentiría tan satisfecho en lo personal y en lo profesional como me siento hoy.

John Aleksak
Port Jefferson Station, Nueva York, Estados Unidos

Un descubrimiento inspirador

En Mosaic, la iglesia que tenemos en Los Ángeles, organizamos un evento que incluye evaluaciones Clifton StrengthsFinder. Después del último evento, anuncié que crearía un nuevo grupo de discusión para poder brindar orientación y ayuda de manera más completa. Diez personas se unieron a este grupo, y yo pasé varias horas guiando a cada una de ellas en grupos más pequeños con la intención de que aprendieran de los demás.

Una de las chicas confesó: "Muchas veces me había preguntado si tenía talentos. Y aunque los tuviera, me preguntaba si era capaz de utilizarlos para ayudar a los demás. Formar parte del grupo de discusión no sólo me hizo ver que tengo talentos valiosos, sino que también me ayudó a tomar plena conciencia de que puedo utilizarlos para ayudar a que otras personas saquen provecho de los suyos. Vivir una vida basada en las fortalezas produce varios efectos que se combinan entre sí. Es una experiencia que quiero seguir desarrollando".

Steve Saccone
Los Ángeles, California, Estados Unidos

La lucha contra los "comportamientos instintivos"

Cuando Cathy descubrió cuáles eran sus talentos dominantes, de inmediato se sintió identificada con Emprendedor y Responsabilidad. Se dio cuenta de que hacía mucho tiempo que esos dos talentos se habían combinado para hacer de ella una madre y una colaboradora voluntaria exitosa. Sin embargo, era en esa misma combinación donde a menudo encontraba sus mayores debilidades. Por un lado, la reconfortaba ser una persona confiable, consecuente y productiva, pero por otro, la frustraba su facilidad para asumir demasiadas responsabilidades y para hacerse cargo de obligaciones que otros debían cumplir.

Esa frustración pronto disminuyó. A medida que Cathy fue profundizando su conocimiento acerca de los talentos Emprendedor y Responsabilidad, pudo identificar sus "comportamientos instintivos" y empezar a moderarlos. Frecuentemente se decía: "Sé que esto se debe a mi talento Responsabilidad, pero..." y racionalizaba ese comportamiento que en realidad no tenía deseos de llevar a cabo. Cuando logró procesar esos comportamientos (con la ayuda de los talentos Inquisitivo, Idear y Estudioso), pudo separar los comportamientos verdaderamente productivos de los destructivos.

Lo más sorprendente de la transformación de Cathy es que ahora puede identificar sus "comportamientos instintivos" antes de actuar y, en consecuencia, optar por hacer lo más sabio. En pocas palabras, lo que pasó fue que, al comprender mejor el alcance de los talentos Responsabilidad y Emprendedor y tomar la decisión de complementarlos con algunas de las características de sus otros talentos principales, Cathy logró hacer un uso aun más eficaz de esos dos primeros talentos.

También tomó mayor conciencia de que el modo en que se ponen en práctica los talentos puede afectar a los demás. Hace poco, su anciana madre tuvo que mudarse. De todos los hermanos, ella fue la única que asumió la responsabilidad de ayudarla a desarmar la casa en que se había criado. Mientras hacía esto, notó que el modo de poner en práctica su talento Responsabilidad se había perfeccionado. Cathy dice que cambió el "asumir el cuidado" por "brindar el cuidado". Ella siente que "asumir el cuidado" presenta sólo el tema de controlar, dentro de la Responsabilidad en su estado puro. Es una manera de sentirse fuerte a expensas del otro. Pero al "brindar el cuidado", somos más respetuosos con el prójimo: por ejemplo, en vez de tomar la decisión por su cuenta, dejó que su madre eligiera las cosas de las que quería deshacerse. Cuando se brinda el cuidado, ambas partes se fortalecen, no sólo una. Brindar cuidado implica un diálogo, no un monólogo. Nos permite desarrollar al máximo el talento Responsabilidad.

Rebecca Syme
Bozeman, Montana, Estados Unidos

CAPÍTULO 3

Creación de parroquias basadas en fortalezas

¿Cómo se vería la Iglesia (o una parroquia en particular) si sus líderes y sus miembros adoptaran un enfoque basado en las fortalezas para ejercer su ministerio? ¿Qué pasaría si se alentara a todos los cristianos a que desarrollen y utilicen activamente sus talentos para fortalecer el cuerpo de Cristo y promover la misión de la Iglesia en todo el mundo? ¡Imagíneselo!

Pero antes de ponernos a considerar este abanico de posibilidades (una verdadera invitación para quienes tienen Idear y Futurista entre sus talentos dominantes), empecemos por analizar cómo veían la Iglesia los primeros testigos de la fe. Cuando se decidieron a organizar esa comunidad que estaba naciendo, les dieron prioridad a los talentos individuales y al desarrollo de las fortalezas. De hecho, el enfoque utilizado hace dos mil años —que se describe en detalle en el Nuevo Testamento— hoy en día resulta más pertinente que nunca: la Iglesia necesita con urgencia una revitalización basada en fortalezas.

Seamos sinceros: la Iglesia moderna (no sólo la católica, sino también la protestante y la ortodoxa) está en problemas, porque mucha gente siente que su mensaje resulta extemporáneo. Pero las cosas no siempre fueron así. En sus comienzos, la Iglesia era audaz y transformadora. El mensaje de salvación y el hecho de pertenecer a una comunidad en que los cambios abruptos eran la norma modificaron la vida de las personas de aquel entonces. Encontrar la salvación en Jesucristo hizo que la gente tomara verdadera conciencia de que eran individuos únicos e irrepetibles y de que Dios los había creado para que así fueran. En esencia, fue una liberación. Al vivir en comunidad junto con otras personas que habían descubierto esa misma verdad, fueron encontrando oportunidades de "construirse unos a otros". Es decir, fueron alentándose mutuamente para que cada uno descubriera sus talentos, desarrollara sus fortalezas y aprovechara sus dones al máximo.

Los primeros líderes de la Iglesia estaban convencidos de que la vida, muerte y resurrección de Jesús había conducido a una "nueva Creación", o al menos a la concreción del intento de creación que originalmente había concebido Dios. Creían estar viviendo en el comienzo de los tiempos, cuando Dios hizo "nuevas todas las cosas" (Apocalipsis 21, 5). Esto generó una sensación de entusiasmo, de urgencia, en todo lo que hacían. Invitaban a amigos, vecinos, familiares a que "fueran y vieran" la novedad que Dios estaba gestando entre ellos. Querían que los demás experimentaran esa vida nueva que ellos habían encontrado en Cristo y también la satisfacción que sentían al compartir esta vida nueva con otros a los que les había ocurrido lo mismo.

No cabe duda de que, entre los líderes de la Iglesia primitiva, existía cierto fervor misionero. El relato de Lucas sobre el nacimiento de la Iglesia —en Hechos de los Apóstoles, en el Nuevo Testamento— abunda en historias sobre los viajes misioneros de los primeros líderes. Pedro y los demás discípulos, y también Pablo y sus compañeros Bernabé, Silas y Timoteo, entre otros, cruzaron las fronteras de Judea para difundir el Evangelio (el relato de la vida, muerte y resurrección de Jesús) y lo que significaba tener una "vida nueva en Cristo". A los primeros creyentes se los alentó a encontrar su lugar en la nueva comunidad y a descubrir cuáles eran sus dones para que pudieran sentirse plenamente satisfechos como seguidores de Jesús.

Para entender mejor la manera en que la Iglesia primitiva transformó no sólo las vidas de las personas, sino también la estructura social de la Palestina del siglo I, analicemos con mayor profundidad tres pasajes fundamentales del Nuevo Testamento. En estos pasajes —Hechos 2, 43-47, Hechos 6, 1-7 y 1 Corintios 12, 12-27—, se mencionan las claves para construir una Iglesia o parroquia basada en fortalezas.

Lucas, uno de los evangelistas, fue un testigo crucial del poder de la Iglesia primitiva, el cual describe en su Evangelio y en los Hechos. El Evangelio según Lucas más los Hechos de los Apóstoles conforman la cuarta parte del Nuevo Testamento. En el segundo capítulo de los Hechos, Lucas nos brinda detalles importantes acerca de la esencia de la Iglesia primitiva:

Ante los prodigios y señales que hacían los apóstoles, un sentido de reverencia se apoderó de todos. Los creyentes estaban todos unidos y poseían todo en común. Vendían bienes y posesiones y las repartían según la necesidad de cada uno. A diario acudían fielmente e íntimamente unidos al templo; en sus casas partían el pan, compartían la comida con alegría y sencillez sincera. Alababan a Dios y todo el mundo los estimaba. El Señor iba incorporando a la comunidad a cuantos se iban salvando.
Hechos 2, 43-47

En estos cinco versículos, Lucas describe lo que implicaba vivir de acuerdo con la Buena Noticia de la vida, muerte y resurrección de Jesús: había que tener unidad en la vida y en el espíritu, preocuparse por los pobres y alabar a Dios. Repasemos estos tres puntos un poco más en detalle.

La Iglesia primitiva practicaba la unidad en la vida y en el espíritu. Cualquiera que lea este pasaje de los Hechos puede advertir que la unidad en la que Lucas hace hincapié era una característica distintiva de la Iglesia primitiva: sus miembros "poseían todo en común". La Iglesia derribaba las barreras sociales tan afianzadas en el Imperio Romano del siglo I. A diferencia de lo que ocurría en la sociedad romana, en la Iglesia los pobres interactuaban con los ricos, los incultos con los cultos, los hombres con las mujeres, y todos eran considerados semejantes.

Fueran hombres o mujeres, tuvieran la posición económica o social que tuvieran, lo que contaba era la fe en Jesucristo, y también los talentos, las fortalezas y los dones que cada uno pudiera aportar y desarrollar en la nueva comunidad. En los comienzos de la Iglesia, a las personas se las valoraba por ser quienes Dios deseaba que fueran y no por el rol que estaban obligados a representar en la sociedad romana.

La Iglesia primitiva se preocupaba por los pobres. En este pasaje, así como en otros, Lucas describe una comunidad que atendía las necesidades de los pobres. En algunos casos, los miembros de la comunidad compartían sus pertenencias con los pobres. En otros, las conservaban, pero les ofrecían generosamente todo lo que tenían para ayudarlos a mantenerse.

Lo trascendente es que, en una sociedad tan rígidamente estratificada en la que la riqueza y la pobreza se consideraban recompensas y castigos divinos, la Iglesia desafió las pautas culturales y proclamó que lo que importaba eran las personas. Como cada persona era una creación única de Dios y se reconciliaba con él a través de Jesucristo, los miembros de la Iglesia tenían la responsabilidad de garantizar que todos tuvieran sus necesidades básicas satisfechas. Después de todo, era imposible que un individuo desarrollara sus fortalezas, sacara provecho de sus dones y cumpliera los designios de Dios para su vida si carecía de cosas tan indispensables como alimento, ropa y un lugar donde vivir.

La Iglesia primitiva alababa a Dios. Los líderes de la Iglesia primitiva jamás olvidaron que todo lo que eran y todo lo que tenían se lo debían a Dios. Nada era "fruto de su propio esfuerzo" en modo alguno. La mayoría de los líderes originales eran discípulos de Jesús y muchos de ellos habían sido campesinos. Eran personas comunes y corrientes sin ningún designio de grandeza.

Sin embargo, comprendieron que Dios los había llamado a anunciar la Buena Noticia del amor divino por el género humano, un amor que se manifestó en la vida, muerte y resurrección de Jesucristo. Cada uno tenía talentos, y Dios hizo uso de esos talentos singulares para dar comienzo a un movimiento

—a través de esas personas comunes y corrientes— que cambiaría el mundo. La Iglesia primitiva nunca olvidó cuál era el origen de su fortaleza y sus vidas y esperanzas renovadas, y nunca dejó pasar la oportunidad de alabar a Dios.

EL PODER EXPONENCIAL DE DELEGAR

Debido a lo entusiasta y auténtico de este grupo variado de seguidores, la Iglesia creció muy rápidamente. El mensaje era atractivo, se prometía una vida nueva, y se aceptaba y celebraba el hecho de que cada individuo fuera único e irrepetible. Esos tres elementos formaron una combinación poderosa que convirtió este movimiento nuevo en una fuerza irresistible. Pero la rauda expansión creó un problema: los primeros líderes, los apóstoles, no podían hacer todo solos. Necesitaban ayuda.

Por esos días, los apóstoles tuvieron que enfrentar una queja muy atendible: algunas viudas no estaban recibiendo su ración diaria de alimentos. Era una cuestión digna de gran preocupación porque, en la cultura del siglo I, las viudas estaban entre los miembros más vulnerables de la sociedad. En una época en la que las mujeres solteras recibían una paga mínima por su trabajo, si es que recibían algo, las viudas dependían de la caridad ajena. Desde sus comienzos, la Iglesia se había comprometido a cuidar a los "hermanos menores" tal como Jesús había enseñado. En consecuencia, los líderes sentían que, como seguidores de Cristo, tenían la obligación de cuidar de los pobres e indigentes. Y la gran mayoría de las viudas pertenecían a esa categoría. Por eso, los apóstoles se preocuparon muchísimo al enterarse de que algunas de ellas no estaban recibiendo alimento.

Pero había un problema. Los apóstoles eran los líderes más importantes de este movimiento que estaba surgiendo y dedicaban la mayor parte de su tiempo y energía a difundir la Palabra de Dios, predicar, enseñar, y atender la salud y el crecimiento espiritual de la comunidad. Es más, su vocación, sus talentos y sus dones estaban orientados al liderazgo. Para resolver el problema de las viudas, hacían falta *administradores*.

Al principio, los apóstoles trataron de ser líderes *y* administradores al mismo tiempo; por eso fue que se metieron en este problema. Pero luego concibieron una solución elegante por su sencillez y genial por su claridad: buscar a otros con vocación, talentos y dones para administrar.

Por entonces, al aumentar el número de los discípulos, empezaron los de lengua griega a murmurar contra los de lengua hebrea, porque sus viudas quedaban desatendidas en la distribución diaria de los alimentos. Los Doce convocaron a todos los discípulos y les dijeron: "No es justo que nosotros descuidemos la Palabra de Dios para servir a la mesa; por tanto, hermanos, elijan entre ustedes a siete hombres de buena fama, dotados de Espíritu y de prudencia, y los encargaremos de esa tarea. Nosotros nos dedicaremos a la oración y al ministerio de la palabra". Todos aprobaron la propuesta y eligieron a Esteban, hombre lleno de fe y Espíritu Santo, a Felipe, Prócoro, Nicanor, Timón, Parmenas y Nicolás, prosélito de Antioquía. Los presentaron a los apóstoles, y estos después de orar les impusieron las manos.

El mensaje de Dios se difundía, en Jerusalén crecía mucho el número de los discípulos, y muchos sacerdotes abrazaban la fe.
Hechos 6, 1-7

No caben dudas de que, cuando las personas desempeñan los roles adecuados para sus dones y talentos, Dios logra maravillas.

EL SERVICIO Y LA SABIDURÍA DE PABLO

Hechos de los Apóstoles no es el único libro del Nuevo Testamento donde podemos encontrar pruebas de la férrea convicción de los líderes de la Iglesia primitiva de que cada individuo es único e irrepetible, una singular criatura bendecida y alentada por Dios. En Hechos, Lucas nos habla de uno de los líderes más importantes de la Iglesia primitiva: el apóstol Pablo. En el Nuevo Testamento, también encontramos las propias palabras de Pablo. Como líder de la Iglesia, Pablo escribía cartas con instrucciones para las iglesias que iba fundando, y muchas de esas cartas se incluyen en el Nuevo Testamento.

Pablo nació con el nombre de "Saulo" en Tarso, antigua ciudad del Cercano Oriente (en donde hoy se encuentra Turquía). Era judío de nacimiento y también ciudadano romano. Ya adulto, se hizo fariseo, un reconocido experto en leyes religiosas judías. De acuerdo con las palabras de Lucas, y con lo que el mismísimo Pablo admite, Pablo persiguió a los miembros de la Iglesia primitiva. Y según cuenta Lucas en Hechos 7-8, Pablo (Saulo) estuvo presente cuando apedrearon a Esteban, el primer mártir cristiano.

En Hechos 9, se narra la dramática conversión de Pablo al cristianismo en su viaje hacia Damasco. Allí Pablo se encuentra con Cristo resucitado, quien le recrimina su persecución contra la Iglesia. Luego de su conversión, Pablo atraviesa el Mediterráneo y funda varias iglesias en las ciudades más importantes de la región. Y cuando finalmente llega a Roma, muere como un mártir por defender la fe que alguna vez se había propuesto destruir.

Las cartas de Pablo ofrecen una visión significativa y fascinante de la vida íntima de la iglesia primitiva. También nos permiten adentrarnos en la mente del pensador teológico más importante del siglo I. Para ejemplificar lo que nos interesa, vamos a detenernos en una idea profunda que Pablo compartió con la Iglesia en Corinto. En el duodécimo capítulo de la Primera Carta a los Corintios, Pablo explica de qué manera cada miembro de la Iglesia conforma el cuerpo de Cristo y dice que, así como cada parte del cuerpo humano tiene sus propias funciones, lo mismo sucede con las partes del cuerpo espiritual de Cristo:

Como el cuerpo, que siendo uno, tiene muchos miembros, y los miembros, siendo muchos, forman un solo cuerpo, así también Cristo. Todos nosotros, judíos o griegos, esclavos o libres, nos hemos bautizado en un solo Espíritu para formar un solo cuerpo, y hemos bebido un solo Espíritu. El cuerpo no está compuesto de un miembro, sino de muchos. Si el pie dijera: Como no soy mano, no pertenezco al cuerpo, no por ello dejaría de pertenecer al cuerpo. Si el oído dijera: Como no soy ojo, no pertenezco al cuerpo, no por ello dejaría de pertenecer al cuerpo. Si todo el cuerpo fuera ojo, ¿cómo oiría?; si todo fuera oído, ¿cómo olería?

Dios ha dispuesto los miembros en el cuerpo, cada uno como ha querido. Si todo fuera un solo miembro, ¿dónde estaría el cuerpo? Ahora bien, los miembros son muchos, el cuerpo es uno. No puede el ojo decir a la mano: No te necesito; ni la cabeza a los pies: No los necesito.

Más aún, los miembros del cuerpo que se consideran más débiles son indispensables, y a los que consideramos menos nobles los rodeamos de más honor. Las partes menos presentables las tratamos con más decencia; ya que las otras no lo necesitan. Dios organizó el cuerpo dando más honor al que menos valía, de modo que no hubiera división en el cuerpo y todos los miembros se interesaran por igual unos por otros. Si un miembro sufre, sufren con él todos los miembros; si un miembro es honrado, se alegran con él todos los miembros.

Ustedes son el cuerpo de Cristo, y cada uno en particular, miembros de ese cuerpo.

1 Corintios 12, 12-27

Pablo afirmaba que, para que la Iglesia fuera consecuente con el propósito que Dios había concebido para ella, no sólo era necesario reconocer los dones y talentos individuales, sino también celebrarlos. Si analizamos el pasaje anterior en mayor profundidad, nos daremos cuenta de que Pablo, en esencia, no hace más que defender la creación de parroquias basadas en fortalezas.

Unidad en Cristo. La redacción de esta carta a los corintios, como la de todas las demás cartas incluidas en el Nuevo Testamento, no surgió de la nada. En ella, Pablo hace referencia a algunos problemas específicos que habían surgido en la joven Iglesia corintia. En Corinto, algunos miembros de la Iglesia creían que ciertos talentos y dones espirituales eran más valiosos que otros y que quienes poseían estos "dones especiales" eran más importantes que los demás miembros.

La intención de Pablo al escribir esta carta era la de modificar esa idea errónea. Por eso, desde el principio, les recuerda a los corintios que todos los dones provienen del Espíritu Santo y que todos los miembros de la Iglesia forman una unidad en Jesucristo. Ni el origen ("judíos o griegos") ni la posición social ("esclavos o libres") otorgaban ningún derecho en especial; todos "nos hemos bautizado en un solo Espíritu para formar un solo cuerpo" y "hemos bebido un solo Espíritu". Si una parroquia verdaderamente quiere estar basada en fortalezas, nunca debe olvidar que sus cimientos yacen en la unidad con todos los demás cristianos en Jesucristo.

Diversidad de talentos y dones. Después de dejar en claro que la base de la Iglesia es la unidad en Cristo, Pablo hace una comparación brillante entre el "cuerpo de Cristo" metafórico y el cuerpo humano de carne y hueso. Así como el cuerpo humano se compone de muchas partes, lo mismo sucede con el cuerpo de Cristo. El cuerpo humano no es sólo un oído, una mano, un pie o un ojo, sino la suma de muchas partes, cada una con sus propias funciones.

Pablo dice que lo mismo ocurre en la Iglesia (el cuerpo de Cristo), que no está formada exclusivamente por profetas, maestros, consejeros o administradores. Así como en el cuerpo humano las partes cumplen distintas funciones, en la Iglesia existe diversidad de talentos. Y así como los oídos no deben esforzarse por ser ojos ni las manos, por ser pies, los miembros del cuerpo de Cristo no deberían esforzarse por tener todos el mismo don o talento.

El todo es más que la suma de sus partes. El cuerpo humano es una maravilla digna de contemplación. Cuando funciona como corresponde, los oídos oyen, los ojos ven, los pies caminan y el corazón bombea sangre. Todas las partes trabajan juntas en armonía. Pero cuando una parte del cuerpo no funciona como corresponde, porque la persona está enferma o herida, todo el resto resulta perjudicado. Si alguna vez experimentó en carne propia un fuerte dolor de pies —que se siente en todo el cuerpo—, seguramente podrá interpretar mejor el dicho de Pablo: "Si un miembro sufre, sufren con él todos los miembros; si un miembro es honrado, se alegran con él todos los miembros".

Las palabras de Pablo ponen de manifiesto una verdad innegable: *nos necesitamos mutuamente.* Juntos, como cuerpo de Cristo, podemos lograr muchas más cosas que si cada uno actuara por su cuenta. Cuando reconocemos, celebramos y desarrollamos la diversidad de talentos que nos rodea, estamos cumpliendo con el objetivo que Dios tiene no sólo para nuestras vidas en particular, sino para toda la Iglesia.

LAS PARROQUIAS BASADAS EN FORTALEZAS EN EL SIGLO XXI

La idea de crear parroquias basadas en fortalezas, con raíces en la Iglesia primitiva, no es exclusiva del siglo I. En la actualidad, hay ejemplos palpables, comprobables de florecientes parroquias basadas en fortalezas. De ellas, nos llegan testimonios de personas que han experimentado un verdadero cambio en sus vidas. Nos gustaría compartir con ustedes algunos de esos relatos.

El padre Bill, pastor de una parroquia no muy grande ni muy pequeña de Nueva York, descubrió el sorprendente poder de desarrollar las fortalezas cuando el grupo que trabajaba con él volvió a reunirse después de las vacaciones de verano. Como el grupo no estaba unido, el padre Bill quería hallar la manera de que esas personas pudieran convertirse en un grupo "de verdad", que no fueran sólo individuos que se reunían de cuando en cuando. A ese fin, les sugirió pasar por la experiencia del programa Clifton StrengthsFinder. "Todos se mostraron muy bien predispuestos, incluso los que hacía mucho tiempo que no asistían a las reuniones", cuenta el Padre Bill.

Participaron once miembros del grupo y uno de ellos actuó como moderador. El padre Bill cuenta que "durante la primera semana, todos recibieron sus libros y el moderador nos fue guiando en algunas actividades que nos permitieron tener una perspectiva más clara de lo que significaba descubrir talentos y desarrollar fortalezas. La segunda semana, hicimos la evaluación

Clifton StrengthsFinder por Internet y absolutamente todos nos asombramos ante la precisión de los resultados. A eso le siguió un buen dialogo.

Pero el tercer encuentro... ¡fue como haberse ganado la lotería! Nos dividimos en grupos de acuerdo con nuestros talentos dominantes y cada persona compartió con las demás de qué manera había ayudado al prójimo utilizando sus talentos y fortalezas. A medida que íbamos compartiendo las experiencias, se veía, al igual que en una secuencia fotográfica, cómo los integrantes del grupo se sentían cada vez más cómodos y se iban abriendo. El aumento de la libertad y el nivel de compromiso en cada uno de ellos eran evidentes. Sin lugar a dudas, fue la situación más relajada e intensa que habíamos atravesado en los tres años que llevábamos reuniéndonos".

Luego dieron formalmente fin a la reunión y se sirvió un pequeño refrigerio. Ahí fue cuando, de manera espontánea, surgió una conversación alucinante. Todos empezaron a contar sus experiencias relacionadas con la fe abiertamente y de un modo en que nunca lo habían hecho antes. Uno de los miembros del grupo miró a su esposa y le dijo: "Creo que jamás te había dicho esto, pero...". Un relato sobre compromiso y experiencia espiritual llevó al otro y así se hizo la medianoche sin que nadie se diera cuenta.

Para este grupo no cabía la menor duda de que el hecho de haber llevado a cabo los ejercicios relacionados con las fortalezas durante tres semanas los había motivado a compartir la fe como jamás lo habían hecho en los tres años anteriores. Según las propias palabras del padre Bill, "fue fascinante escucharlos comentar las diversas vivencias y hacer referencia a la manera en que cada uno había puesto en práctica sus talentos y fortalezas. ¡De veras fascinante! Todos estaban profundamente agradecidos de haber tenido la oportunidad de compartir sus más profundas experiencias de fe con personas que no sólo no los tomaban por locos, sino que los consideraban sinceros".

Para el padre Bill, "estas son las herramientas que pondrán a la Iglesia en marcha otra vez, que ayudarán a remover la tierra, deshacerse de la maleza y las espinas y que harán que la semilla que Dios plantó se reproduzca por cientos. En estas personas, el descubrimiento de sus talentos representó un inexorable punto de inflexión".

Sin lugar a dudas, descubrir los talentos y desarrollar las fortalezas puede tener consecuencias más allá de los límites de una parroquia. Estar consciente de sus talentos principales y ponerlos en práctica en su vida cotidiana es una forma poderosa de ejercer con eficacia una influencia positiva en la vida de los demás. Conozcamos ahora el testimonio de Mike, uno de los feligreses del Padre Bill, que forma parte del consejo parroquial y participa activamente en varias otras actividades. El año pasado, el reducido grupo de estudio bíblico del que Mike formaba parte decidió dedicarle un tiempo al descubrimiento de sus talentos. Para ello, cada uno de los miembros del grupo hizo la evaluación Clifton StrengthsFinder. Entre los cinco talentos dominantes de Mike estaban Excelencia, Organizador y Relación. Y Mike enseguida notó cómo ponía en práctica esos talentos en su vida cotidiana.

Hacía quince años que trabajaba en el concesionario de Honda de la zona donde vivía. Había ingresado allí al terminar el colegio secundario y fue ascendiendo hasta convertirse en el gerente de la sección de autopartes. El funcionamiento de su departamento era eficiente al máximo. Mike sabía con exactitud dónde se guardaba cada repuesto que le pedían y se preocupaba de que jamás faltara ninguno. Había invertido tiempo y energía en optimizar la productividad de los mecánicos y le enorgullecía saber que siempre contaban con lo necesario para hacer bien su trabajo. Sus talentos principales lo convirtieron en una persona exitosa y querida dentro del concesionario de Honda... hasta que lo vendieron.

A los nuevos dueños, la relación con los clientes y los empleados los tenía muy sin cuidado, aunque esa había sido la clave del éxito durante tantos años. Por esta razón, muchos de los empleados más antiguos renunciaron y buscaron otro trabajo. Un día, un ex empleado que ahora estaba trabajando en un concesionario de Honda más grande en otra parte de la ciudad llamó a Mike para comentarle que estaban buscando a alguien para ocupar el puesto de gerente de la sección de autopartes. Mike decidió solicitar el puesto. Durante la entrevista, el dueño del concesionario le preguntó cuáles creía que eran sus fortalezas. Mike le respondió: "No solo creo saber cuáles son mis fortalezas, sino que sé con certeza cuáles son mis cinco talentos principales". Le contó en qué consistía cada uno de sus talentos dominantes y cómo lo habían ayudado a triunfar en la vida y en el trabajo.

—¿Dónde aprendió todo eso? —le preguntó el dueño, asombrado.

—En mi grupo de la iglesia —le respondió Mike.

—¡No me diga! ¿O sea que de veras aprendió algo útil en la iglesia? —fue el comentario del dueño, quien le otorgó el empleo a Mike y además empezó a asistir a su iglesia.

Un día, el Padre Bill pasó por el concesionario y entró para preguntarle a Mike cómo le estaba yendo en su nuevo empleo. "Por sus talentos Excelencia y Organizador, Mike había logrado que su sección estuviera organizada y funcionara con absoluta eficiencia", comentó el Padre Bill. "Pero lo más sorprendente era ver la expresión de los mecánicos cuando se acercaban a Mike para pedirle un repuesto o hacerle alguna consulta". Se notaba que estaban a gusto, relajados y que disfrutaban verdaderamente de la presencia de Mike. El Padre Bill habló con uno de ellos. "Antes de que Mike llegara, todos pensábamos en renunciar", le dijo. "Estábamos muy descontentos, porque el gerente anterior era desorganizado y nos trataba muy mal". Pero cuando Mike se sumó al equipo, la actitud y el desempeño de los mecánicos cambiaron radicalmente. Y todos abandonaron la idea de renunciar. Mike pudo sacar lo mejor de esos hombres porque ponía en práctica sus talentos principales y las fortalezas que había desarrollado en base a esos talentos.

Como demuestra el caso de Mike, nuestros talentos y fortalezas nos acompañan donde vayamos, y su influencia positiva no sólo nos beneficia a nosotros y a los feligreses que asisten con nosotros a la iglesia, sino también a nuestras familias, amigos y compañeros de trabajo. Del mismo modo, aquellos que ya tienen un compromiso con su parroquia pueden encontrar un rol aun más adecuado si descubren sus talentos y desarrollan sus fortalezas. El caso de Janice es un claro ejemplo de ello.

Janice colaboraba activamente con una gran parroquia ubicada en la región central de Estados Unidos. De hecho, el pastor decía que era de esa clase de personas que a veces están excesivamente ocupadas. Entre otras cosas, había creado y puesto en marcha un programa para el enriquecimiento de la fe, al que asistían las mujeres de su parroquia. Ella misma desarrolló los temas, diseñó el currículo, coordinó a los profesores. En términos generales, fue la artífice de un programa de formación espiritual que sigue creciendo y que es la "joya más preciada" del grupo femenino de la parroquia. Pero después de todos esos logros, había comenzado a sentirse un poco vacía, y hasta insatisfecha.

En una oportunidad, el pastor ofreció dar una charla sobre fortalezas. Janice asistió y así descubrió sus cinco talentos dominantes. Cuando supo en qué consistían esos talentos, se dio cuenta del porqué de su insatisfacción. Dos de sus talentos principales son Emprendedor y Excelencia. Por eso, si su tarea era hacer que una actividad conservara un determinado nivel —aunque ese nivel fuera óptimo—, nunca iba a sentirse satisfecha. Por su talento Emprendedor, necesitaba sentir que estaba logrando algo, que estaba avanzando. Y su talento Excelencia la impulsaba siempre hacia el alcance de la excelencia. Ella sentía que ya no podía lograr nada más dentro del grupo femenino de la parroquia y que mantener el nivel óptimo que tenía el programa actual no le iba a ofrecer mucha satisfacción. Necesitaba un nuevo desafío. Necesitaba algo que no fuera fácil de desarrollar y poner en práctica, y que costara llevar a niveles de excelencia.

Después de discutirlo largamente con el pastor y con la presidenta del grupo de mujeres de la parroquia, Janice tomó una decisión y empezó a elaborar un programa con alcance para toda la comunidad parroquial, cuyo objetivo era descubrir talentos y desarrollar fortalezas (algo que se ajustaba muy bien a su talento Excelencia). A pesar de ser una tarea ardua, Janice volvió a sentirse satisfecha en lo personal y nutrida en lo espiritual, pues trabajaba en una actividad que le permitía desarrollar al máximo sus talentos.

TODOS NECESITAMOS QUE NOS GUÍEN

Una de las claves del éxito de Janice fue que ella tuvo un "guía": una persona de su parroquia que le habló mano a mano sobre sus talentos. El guía de Janice le hizo comentarios valiosos sobre sus talentos y le mostró de qué manera se manifestaban en su vida diaria (de una manera tan natural como respirar). Entonces fue cuando Janice se dio cuenta de que, gracias a esos talentos, podría a llevar cabo con éxito ciertas actividades dentro de la parroquia.

Si aceptamos el hecho de que los talentos dominantes son los principales cristales a través de los cuales vemos el mundo, también debemos aceptar que, en muchos aspectos, estamos ciegos ante nuestros propios talentos. Necesitamos que otros nos muestren nuestros talentos y fortalezas, y nos ayuden a desarrollarlos a pleno. Como se lee en Proverbios 27, 17: "El hierro afila al hierro, el hombre en el trato con su prójimo". Un consejero, uno en el que podamos confiar y que se ofrezca a guiarnos, puede ayudarnos a "afilar nuestras aristas" y a desarrollar al máximo nuestro potencial.

La experiencia de Rhonda con su guía le permitió dar un cambio profundo a su matrimonio y a su trabajo en la parroquia. Como Rhonda era nueva en la parroquia, hacer la evaluación Clifton StrengthsFinder le dio la oportunidad de afianzarse rápidamente en la comunidad parroquial. Después de una "sesión orientadora" de sólo una hora, Rhonda pudo modificar la idea y la perspectiva que tenía de su matrimonio (su esposo, Dave, también había hecho la evaluación Clifton StrengthsFinder). Al descubrir sus talentos dominantes, Rhonda y Dave aprendieron cosas nuevas sobre ellos mismos y comprendieron mejor por qué obraban y pensaban del modo en que lo hacían. Clifton StrengthsFinder les brindó un canal de comunicación totalmente nuevo y les enseñó a describir con un lenguaje también nuevo la manera en que actuaban y los motivos por los que lo hacían.

A su vez, Rhonda encontró una actividad adecuada a sus talentos dentro de la parroquia. Rhonda se destacaba en los talentos Disciplina, Relación, Comunicación, Iniciador y Mando (y en los dones espirituales de exhortar y entusiasmar). Además, le apasionaba escribir. Por eso, enseguida aceptó unirse al grupo de escritura creativa de la parroquia. Su primera tarea dentro del grupo fue la de entusiasmar al resto compartiendo con ellos el relato que había escrito sobre la influencia que Dios había tenido en su familia y en su matrimonio.

Un buen guía nos ayuda a descubrir los talentos y las fortalezas que frecuentemente no podemos ver por nosotros mismos. Chris, quien tenía amplia experiencia como guía en su iglesia, estaba ayudando a su amiga Angie para que descubriera cómo implementar mejor sus talentos dominantes en su vida y en el trabajo.

Según Chris, Angie era capaz de ver cómo se manifestaban esos talentos en el trabajo, pero no le quedaba claro cómo los aplicaba en la vida familiar. Una mañana estaban hablando sobre el tema en la cocina de la casa de Angie. A mitad de la conversación, sonó el teléfono. Un familiar había fallecido y se estaba organizando el funeral. "Por lo que pude escuchar de la conversación", cuenta Chris, "tuve la impresión de que los demás estaban muy afligidos y no sabían cómo manejar la situación. Pero Angie supo exactamente qué hacer y decir. Tomé notas de la conversación y, cuando Angie colgó, le entregué lo que había escrito: había relacionado fragmentos de la conversación con sus talentos dominantes Armonía, Organizador, Empatía, Contexto y Restaurador".

A medida que iba leyendo, Angie comenzó a comprender la relación entre sus talentos y su vida familiar. "Empecé a atar cabos sueltos", dijo Angie. "Comprendí de qué manera mis talentos guiaban la forma de interactuar con los miembros de mi familia". Los talentos de Angie lograron calmar las aguas en una situación de crisis.

CÓMO APROVECHAR LOS TALENTOS AL MÁXIMO

Antes de finalizar este capítulo, nos parece indicado analizar otro fragmento del Nuevo Testamento, quizá el más relevante en relación con los talentos, las fortalezas, los dones y la importancia de utilizar todo ello sabiamente. De acuerdo con el Evangelio según Mateo, esta es una de las últimas parábolas que Jesús pronunció frente a sus discípulos antes de su pasión, muerte y resurrección:

[Jesús dijo]: *"Es como un hombre que partía al extranjero; antes llamó a sus sirvientes y les encomendó sus posesiones. A uno le dio cinco bolsas de oro, a otro dos, a otro una; a cada uno según su capacidad. Y se fue.*

Inmediatamente el que había recibido cinco bolsas de oro negoció con ellas y ganó otras cinco. Lo mismo el que había recibido dos bolsas de oro, ganó otras dos. El que había recibido una bolsa de oro fue, hizo un hoyo en tierra y escondió el dinero de su señor. Pasado mucho tiempo se presentó el señor de aquellos sirvientes para pedirles cuentas. Se acercó el que había recibido cinco bolsas de oro y le presentó otras cinco diciendo: 'Señor, me diste cinco bolsas de oro; mira, he ganado otras cinco'. Su señor le dijo: 'Muy bien, sirviente honrado y cumplidor; has sido fiel en lo poco, te pongo al frente de lo importante. Entra en la fiesta de tu señor'. Se acercó el que había recibido dos bolsas de oro y dijo: 'Señor, me diste dos bolsas de oro; mira, he ganado otras dos'. Su señor le dijo: 'Muy bien, sirviente honrado y cumplidor; has sido fiel en lo poco, te pondré al frente de lo importante. Entra en la fiesta de tu señor'. Se acercó también el que había recibido una bolsa de oro y dijo: 'Señor, sabía que eres exigente, que cosechas donde no has sembrado y reúnes donde no has esparcido. Como tenía miedo, enterré tu bolsa de oro; aquí tienes lo tuyo'. Su señor le respondió: 'Sirviente indigno y perezoso, si sabías que cosecho donde no sembré y reúno donde no esparcí, tenías que haber depositado el dinero en un banco para que, al venir yo, lo retirase con los intereses. Quítenle la bolsa de oro y dénsela al que tiene diez. Porque al que tiene se le dará y le sobrará, y al que no tiene se le quitará aun lo que tiene'".
Mateo 25, 14-29

Resulta significativo que la palabra "talento", que en aquella época representaba una suma de dinero, como de la que habla Jesús en la parábola, es la misma palabra que usamos para indicar "un patrón de pensamiento, sentimiento o conducta que puede aplicarse de manera productiva". Esta parábola de Jesús, que algunos, con razón, consideran demasiado severa, no habla sobre invertir grandes sumas de dinero (hoy en día, la suma que recibió el sirviente al que le dieron cinco bolsas de oro equivaldría a ¡un millón de dólares!), sino de cómo utilizar los talentos que Dios nos concede a cada uno de nosotros. Dios pretende que desarrollemos esos talentos y los utilicemos sabiamente.

Cabe destacar que no a todos los sirvientes se les dio la misma cantidad de bolsas de oro; según Jesús, se le dio "a cada uno según su capacidad". Por lo tanto, la distribución de los talentos y los dones entre los individuos depende de Dios. A uno de los coautores de este libro, Don Clifton, siempre le gustaba decir que todos podemos hacer algo mejor que otras diez mil personas. El secreto está en descubrir qué es ese algo, y luego hacerlo.

En esta parábola, Jesús expresa la misma idea sobre Dios. El señor le dio a cada sirviente una cantidad de dinero y esperaba que, en su ausencia, se ocuparan de invertirlo a nombre de él. Luego, cuando regresó, le pidió a cada uno que rindiera cuentas sobre lo que había hecho con el dinero. Los sirvientes que habían recibido cinco y dos bolsas respectivamente habían duplicado la cantidad, y el señor se mostró complacido. El que recibió una bolsa no había hecho nada, y el señor estuvo lejos de sentirse complacido. De hecho, se puso furioso. Tenga en cuenta que el sirviente que recibió una sola bolsa no perdió el dinero, sino que lo puso a resguardo creyendo que su señor estaría contento de recuperar lo que era de él. Pero el señor reaccionó de manera totalmente opuesta: lo que quería era que el sirviente corriera los riesgos necesarios para incrementar el talento recibido.

De hecho, desarrollar nuestros talentos y convertirlos en fortalezas conlleva ciertos riesgos. Hay que aventurarse, probar cosas nuevas o correr el riesgo de hacer algo en lo que podemos fallar. Pero esto es sólo al principio. Si no corremos ningún riesgo —ya sea emocional, físico o espiritual—, jamás lograremos crecer.

Dios no espera menos de nosotros y de la Iglesia.

ANÉCDOTAS SOBRE EL DESARROLLO DE FORTALEZAS

La eliminación de lo negativo

El hecho de haber descubierto nuestras fortalezas como equipo ha modificado por completo el modo en que llevamos a cabo nuestras actividades parroquiales. Ahora cada relación es más significativa; cada individuo, más singular o único; y cada comunicación, más completa. A medida que cada miembro de mi equipo fue descubriendo no sólo sus propios talentos principales sino también los de sus compañeros, mi tarea como líder se hizo más fácil.

Nuestra parroquia cuenta con un número bastante grande de colaboradores y cada uno de ellos tiene su propia idea de cómo deberían verse las cosas, cómo deberían llevarse a cabo las actividades y cuál debería ser el resultado. Gracias al descubrimiento individual, la interacción con las demás personas y la evaluación continua de los talentos principales dentro del seno del equipo, el trabajo colectivo se ha vuelto más sólido y han desaparecido la mayoría de los vínculos negativos entre los miembros. En estos momentos, nuestro enfoque yace únicamente en los servicios que ofrecemos como equipo, en vez de en los obstáculos que podrían impedirnos avanzar.

Julie Giles
Lutz, Florida, Estados Unidos

Cómo desarrollar la confianza y promover una comunicación fluida

Después de casi cuatro años en el equipo de liderazgo, yo aún no había logrado comprender ni conocer en profundidad a las personas

55

con las que trabajaba. El conocimiento que teníamos unos de otros no iba mucho más allá de compartir una charla sobre "cuál era nuestra película preferida". Pero con la nueva camada de líderes, decidimos implementar orientación sobre el desarrollo de las fortalezas, tanto individual como en grupos. Todos se mostraron muy comprometidos con la actividad y yo aprendí más sobre mis compañeros de equipo en una tarde que en todos los años anteriores. Fue el momento más significativo y valioso que hayamos pasado juntos.

Desde ese entonces, he depositado en mis compañeros otro tipo de confianza. Conozco sus fortalezas. Sé a quién acudir cuando debo enfrentar un problema grave y a quién recurrir para resolver una situación controvertida. Sé quién necesita mucha información antes de tomar una decisión y quién necesita muy poca. Y también sé cuál es mi rol en relación con el de todos los demás.

Este tipo de conocimiento desarrolla la confianza, promueve la comunicación y fomenta la eficacia. Para un equipo como el nuestro, que toma decisiones importantes a largo plazo, esto reviste vital importancia. Es lo mejor que pudimos haber hecho como equipo.

Heidi Zwart
Lino Lakes/White Bear Lake/Spring Lake Park
Minnesota, Estados Unidos

De pesadilla a ángel salvador

Mary es una jubilada de poco más de sesenta años. Trabajaba como ejecutiva en una empresa de transportes y se ofreció para colaborar en varios de los programas de actividades de la parroquia. Por sus consejos constantes en relación con casi todos los programas (más sus opiniones sobre cómo arreglaría las cosas si la solución estuviera en sus manos), se había ganado la fama de ser "una pesadilla". Pero a medida que tanto Mary como nosotros fuimos tomando mayor conciencia de sus talentos dominantes —Flexibilidad, Excelencia, Conexión, Desarrollador y Estratégico—, fue más sencillo encontrar un rol productivo para ella. Ahora es un "ángel salvador" que aparece sin demoras cuando necesitamos un reemplazo de emergencia en varios de los programas. Gracias a su talento Flexibilidad, sabe cómo reaccionar ante situaciones de urgencia y su talento Excelencia garantiza un trabajo de calidad. Los coordinadores de los programas ahora saben que pueden recurrir a ella cada vez que se presentan problemas de último momento. Ellos aceptan de buen grado el apoyo que Mary pueda brindarles y ya no la consideran una molestia.

Steve Hallmark
Estados Unidos

Una abuela que descubre una nueva vocación

Los cinco talentos dominantes de Susan son Empatía, Conexión, Desarrollador, Armonía y Creencia. Durante muchos años, ella ha colaborado con nuestra iglesia silenciosa y fielmente, y sin hacerse notar. Cuando descubrió sus talentos principales, enseguida puso en duda que pudieran servir para cualquiera de los servicios que ofrecíamos. No sentía que, en el proceso de descubrir sus talentos principales, Dios la guiara hacia ningún lugar en particular. Pero cuando empezamos a conversar sobre la manera en que ponía en práctica esos talentos con su familia, vio las cosas con mayor claridad.

Susan es la matriarca de su familia. Por su corazón comprensivo, tanto sus hijos como nietos la eligen para contarle sus problemas. Cuando, ante distintas circunstancias, no entienden por qué les pasa lo que les pasa, sus familiares buscan apoyo en los talentos Creencia y Conexión de Susan. Ella siempre logra arrojar algo de luz sobre la situación y les da aliento; en verdad, es el lazo que mantiene unida a la familia. Una vez le pregunté: "Si el único mandato de Dios que debieras cumplir fuera el de ser la mejor abuela para tus nietos, ¿te considerarías una persona exitosa?". Enseguida se le iluminó el rostro y me contestó que *sí*.

No obstante, a partir de ese descubrimiento, Susan se puso a pensar en qué otras áreas Dios podía estar necesitándola. En la última reunión que tuvimos con nuestro pequeño grupo, Susan hizo varios aportes en relación con uno de los puntos que estábamos discutiendo. Yo (para darle más seguridad) le dije que me parecía la mejor abuela del mundo. Me contestó que, aunque la había encasillado en el papel de abuela, ella sabía que tenía fortalezas que los demás jamás le habían visto poner en práctica. En estos momentos, está considerando la posibilidad de formar una red de personas con fortalezas diferentes, con el objetivo de satisfacer las necesidades y solucionar los problemas de otros a través de la iglesia.

Kevin Hopkins
Choctaw, Oklahoma, Estados Unidos

Una vinculación instantánea

El año pasado formamos un nuevo consejo pastoral que consistía de diez miembros, incluyéndome a mí. Desde luego, en la primera reunión todos llevábamos una etiqueta con nuestro nombre para poder identificarnos. En esa reunión, les pedí que hicieran la evaluación StrengthsFinder antes de nuestro segundo encuentro, que tendría lugar un mes después.

En la segunda reunión, hicimos ejercicios relacionados con las fortalezas durante casi una hora. Finalizada la reunión, empecé a recoger las identificaciones con los nombres y pregunté, de manera casual, si iban a ser necesarias para la próxima vez (la tercera). Todos me respondieron casi al unísono: "Después de lo que acabamos de hacer, ¡no hace falta!". En 35 años de experiencia, jamás había visto que un grupo estableciera vínculos tan rápido.

Vincent Rush
West Babylon, Nueva York, Estados Unidos

Una sensación de libertad

Hace aproximadamente un año y medio, pasamos todo un día con un guía que compartió con nosotros un concepto totalmente novedoso. Este enfoque novedoso contradecía todo lo que habíamos intentado hacer hasta ese entonces: concentrarnos en nuestros defectos y en los defectos de las personas que nos rodean y dedicar nuestro tiempo a tratar de corregirlos. Para decirlo con palabras sencillas, el descubrimiento de talentos que el equipo vivió ese día tuvo consecuencias que aun hoy perduran en la manera de encarar nuestra tarea y en el modo de relacionarnos.

En el grupo de jóvenes, hemos aprendido a aceptarnos y a valorarnos teniendo en cuenta nuestros talentos principales. Como resultado, conscientemente buscamos darle validez al prójimo. Esto nos ha permitido trabajar más unidos y mejor. Hemos incorporado el lenguaje de las fortalezas en nuestro vocabulario cotidiano. La atmósfera que se crea cuando se hace hincapié en el desarrollo de los talentos y las fortalezas es productiva y genera entusiasmo.

En lo personal, después de dedicar un tiempo a descubrir mis talentos, vi que el Desarrollador era el que más me gustaba. La libertad que comencé a sentir cuando colaboraba en el desarrollo de equipos, sistemas, programas, alumnos de escuela primaria y colaboradores voluntarios ha influido en diferentes facetas de mi vida.

¡Me da tanto placer poder actuar con la libertad que me dan mis fortalezas! Mi vida se ha vuelto mucho más productiva y gratificante. Estoy viviéndola como Dios quiere que la viva. En mi rol de mamá, aproveché unas vacaciones recientes para guiar a mi familia en el proceso que les permitiría descubrir sus talentos principales. En ese viaje en auto, tuvimos algunas charlas apasionantes y experimentamos, como familia, un momento de celebración mutua.

El grupo de jóvenes de la parroquia ahora confía en Clifton StrengthsFinder. Quienes nos ayudan durante el verano, quienes se incorporan en un equipo, los principales líderes juveniles y los colaboradores voluntarios, todos se están contagiando del entusiasmo que provoca descubrir los talentos y aprender a trabajar sobre la premisa de que debemos ser fuertes en las áreas de nuestros talentos principales para honrar a Dios en todo lo que hagamos.

Sherrie Leatherwood
Lutz, Florida, Estados Unidos

Una transformación sorprendente

Los milagros existen. Observen el caso de esta transformación rápida y profunda. Amelia era la responsable de una iniciativa importante relacionada con un servicio parroquial. En un momento, se tomó la decisión —por decirlo de algún modo— de desplazarla del proyecto, y ella presentó un informe con los últimos datos de la situación que no era muy preciso ni extenso. Cuando se le pedía que tomara decisiones, no podía. Paul, el líder del equipo, estaba desilusionado.

Dos semanas después, Amelia hizo la evaluación StrengthsFinder y tuvo su primera sesión de orientación. Tiempo después, durante una reunión de rutina, Paul le preguntó a Amelia cuál creía que sería el efecto del servicio parroquial en cuestión. Amelia no se demoró en responder... usando su talento Estratégico. Explicó con precisión qué pretendía que ocurriera y describió en detalle toda la estrategia, incluyendo las medidas específicas que implementaría para lograrlo. Paul estaba muy sorprendido. Al finalizar la reunión, le preguntó qué era lo que había provocado ese cambio tan marcado en ella. Según Amelia, había sido el hecho de descubrir sus talentos dominantes. Eso la hacía sentirse autorizada para hacer lo que Dios quería que hiciera.

Kristy McAdams
Lutz, Florida, Estados Unidos

Un equipo más creativo

En nuestro equipo completo descubrimos cuáles eran los talentos dominantes de cada uno y luego participamos de sesiones de orientación. La experiencia comenzó a modificar el concepto que teníamos unos de otros. A partir de entonces, sabemos a quién recurrir si necesitamos a alguien con talento Enfoque. Quien tiene el talento Idear desarrolla las ideas y quien tiene el talento Responsabilidad las llevaba a cabo.

Ahora cada persona que se incorpora al equipo realiza la evaluación StrengthsFinder y recibe orientación en materia de fortalezas. Esta orientación nos permite saber dónde están nuestras fortalezas y de qué manera podemos ayudarnos unos a otros. Ha sido una experiencia interesante y liberadora que nos ha ayudado a crecer en lo personal y a convertirnos en un grupo más creativo y con mayor cantidad de recursos.

Nancy Nelson Elsenheimer
Phoenix, Arizona, Estados Unidos

CAPÍTULO 4

El mundo de los talentos: la "mejor versión de uno mismo" en 34 talentos

Como seres humanos, todos tenemos una relación especial con Dios que nos hace únicos e irrepetibles en comparación con el resto de la creación. La Biblia da testimonio de esto en más de una oportunidad. En Génesis, leemos que: "Y creó Dios al hombre a su imagen; a imagen de Dios lo creó; varón y mujer los creó" (Génesis 1, 27). En el octavo capítulo de los Salmos, el poeta escribe: "Cuando contemplo tu cielo, obra de tus dedos, la luna y las estrellas que en él fijaste, ¿qué es el hombre para que te acuerdes de él, el ser humano para que te ocupes de él?" (Salmos 8, 4-5). Y en el Evangelio según Lucas, está registrado que Jesús dijo: "¿No se venden cinco gorriones por dos monedas? Sin embargo, Dios no olvida a ninguno de ellos. En cuanto a ustedes hasta los pelos de su cabeza están todos contados. No tengan miedo, que ustedes valen más que muchos gorriones" (Lucas 12, 6-7).

Además, sus talentos dominantes —sus cinco talentos principales— son únicos en usted. De hecho, la probabilidad de encontrar a alguien con los mismos talentos dominantes, en cualquier orden, es *menor que una en 275.000*.

Y aunque parezca increíble, la posibilidad de conocer a una persona cuyos talentos dominantes sean los mismos y estén en el mismo orden que los suyos es de apenas *una en 33 millones*. ¡Eso *sí* que es ser único e irrepetible!

Usted ha tenido la oportunidad de conocer más detalles sobre sus talentos dominantes a través del informe de la evaluación Clifton StrengthsFinder, de saber cómo se ha transformado la vida de otras personas al poner en práctica sus talentos principales y de empezar a imaginar cómo sería su vida y su iglesia si se hiciera más hincapié en desarrollar las fortalezas que en subsanar las debilidades. Ahora es necesario aclarar qué son y qué *no* son los talentos dominantes.

Un talento es un conjunto de características, y sus talentos dominantes son los cinco conjuntos de características que son más fuertes en usted, conforme lo indican sus propias respuestas en la evaluación StrengthsFinder. Aunque se trate de uno de sus talentos dominantes, un talento no es una fortaleza en sí. Sus talentos dominantes son simplemente el punto de partida para descubrir las características más importantes en usted, y una fortaleza —la capacidad de proporcionar un desempeño consistente de excelente nivel en una determinada actividad— es lo que usted crea cuando complementa dichas características con destrezas y conocimientos útiles.

Supongamos que uno de sus talentos dominantes es Mando. No se trata de una fortaleza, sino que su talento Mando define las maneras en que usted piensa, siente y se comporta naturalmente como individuo único e irrepetible. Su talento Mando podría ser la base de una fortaleza; por ejemplo, la capacidad de abogar en defensa de los oprimidos. Para construir esa fortaleza, usted debe adquirir destrezas y conocimientos que luego se combinen con las características que conforman su talento y le permitan desempeñar la tarea casi a la perfección sistemáticamente.

De más está decir que, para tener un desempeño casi perfecto, debe poner en práctica sus talentos, destrezas y conocimientos de manera productiva. Los individuos que tienen Mando entre sus talentos principales suelen hacerse cargo de las situaciones, sienten la necesidad de compartir sus opiniones con los demás y son directos, a veces incluso demasiado frontales, cuando se comunican con otros. Por eso, si no entraran en juego las características complementarias provenientes de sus otros talentos ni las destrezas y los conocimientos indicados, una persona con un talento Mando excepcional podría parecer autoritaria, dominante y grosera. Pero si se tienen en cuenta los puntos a favor, esa misma persona puede desempeñarse con una fortaleza, por ejemplo, como vocero de los desvalidos.

Los talentos no son una suma de características aisladas, sino que se modifican y mejoran entre sí e influyen unos sobre otros. Debido a esta interdependencia, es imposible que dos personas tengan dos talentos dominantes exactamente iguales.

Veamos el caso de Rashon y Michael. Ambos están en el mismo equipo de liderazgo de su parroquia y ambos tienen Idear como su talento dominante principal, así que las reuniones de planificación del equipo nunca carecen de ideas novedosas. Pero el modo en que se manifiesta el talento Idear difiere bastante entre ellos. Rashon también tiene Comunicación entre sus talentos dominantes, por lo que, cuando se le ocurre una idea, necesita "pensarla en voz alta" y procesarla verbalmente. En el caso de Michael, otro de sus talentos dominantes es Intelectual. Él necesita analizar minuciosamente cada idea que le viene a la mente y ensayar en su cabeza lo que dirá al respecto antes de abrir la boca. Los dos poseen el talento Idear, pero dados sus otros talentos principales, lo manifiestan de maneras distintas.

En las próximas páginas, se incluye una descripción de cada uno de los 34 talentos, junto con pasajes de la Biblia y reflexiones que pretenden ayudarlo a reconocer y afianzar las características en sus talentos. Le recomendamos que no sólo preste atención a sus talentos dominantes, sino que también se informe sobre las características de los otros 29 talentos. Tenga presente que sus talentos no se limitan a los dominantes. También tiene usted talentos de apoyo. Si se interioriza acerca de los demás talentos y descubre en qué aspectos armonizan con usted, podrá deducir qué características de esos talentos le son comunes. Esperamos que, al internarse en el mundo de los talentos, pueda usted reconocer y apreciar que los talentos no sólo son dones concedidos por Dios, sino también la base que le permitirá lograr la excelencia y vivir una vida plena a través de las fortalezas.

ANALÍTICO

Su talento Analítico lo lleva a desafiar constantemente a los demás: "Demuéstralo. Explícame por qué lo que argumentas es cierto". Frente a este tipo de cuestionamientos, las brillantes teorías de algunas personas se desmoronarán y harán añicos. Para usted, ese es precisamente el reto. No desea necesariamente destruir las ideas ajenas, sino que exige que sus teorías sean sólidas. Se ve a sí mismo como una persona objetiva e imparcial. Le gustan los datos precisos, porque son sinónimo de objetividad, no tienen un plan oculto. Son sólo eso: datos. Armado de esos datos, usted busca patrones y conexiones. Usted desea comprender cómo interactúan ciertos modelos. ¿Cómo se combinan? ¿Cuál es el resultado? ¿Encaja ese resultado con la teoría o con la situación a la que se enfrenta? Esas son algunas de sus preguntas. Usted desglosa todos los componentes hasta revelar la causa o las causas que originan un problema. Hay quienes opinan que usted es lógico y riguroso. Con el tiempo, algunas personas se le acercarán por su agilidad mental, para exponer las "ideas torpes" o "fantasías" de otras personas. Se espera que usted no transmita el resultado de su análisis con rudeza; de lo contrario, es posible que estas personas eviten compartir sus propias "fantasías" con usted.

En las Escrituras, algunos pasajes que se refieren al talento Analítico son:

Tomás, llamado Mellizo, uno de los Doce, no estaba con ellos cuando vino Jesús. Los otros discípulos le decían: "Hemos visto al Señor". Él replicó: "Si no veo en sus manos la marca de los clavos, si no meto el dedo en el lugar de los clavos, y la mano por su costado, no creeré".
Juan 20, 24-25

Éstos eran más tolerantes que los de Tesalónica; recibieron con interés el mensaje y todos los días analizaban la Escritura para ver si era cierto.
Hechos 17, 11

"Enséñame a escuchar para que sepa gobernar a tu pueblo y discernir entre el bien y el mal; si no, ¿quién podrá gobernar a este pueblo tuyo tan grande?". Al Señor le pareció bien que Salomón pidiera aquello, y le dijo: "Por haber pedido esto, y no haber pedido una vida larga, ni haber pedido riquezas, ni haber pedido la vida de tus enemigos, sino inteligencia para acertar en el gobierno, te daré lo que has pedido: una mente sabia y prudente, como no la hubo antes ni la habrá después de ti".
1 Reyes 3, 9-12

Para lograr una mejor comprensión de este talento, analice las cinco reflexiones que se ofrecen a continuación y elija las que mejor lo describen.

☐ Usted busca el porqué de las cosas.

☐ Usted reflexiona sobre los factores que podrían tener influencia en una determinada situación y también sobre las causas de ciertas reacciones.

☐ Tiene una postura crítica ante lo que otros afirman que es cierto y exige pruebas que lo demuestren.

☐ Hay quienes quizá rechacen su forma de ser y sus cuestionamientos por su insistente demanda de datos comprobables, teorías sólidas y razonamientos lógicos. Algunos pueden creer que es una persona negativa o demasiado crítica, pero desde su punto de vista, usted sólo está tratando de entender algo.

☐ El talento Analítico es muy valioso porque le permite llegar al fondo de las situaciones, hallar los efectos y las causas principales de un problema y desarrollar ideas claras sobre qué es cierto y qué no. Este tipo de razonamiento lo ayuda a ver con mayor claridad qué se entiende por excelencia y cómo se puede lograr.

ARMONÍA

Su objetivo es lograr áreas de común acuerdo. Según su parecer, poco puede obtenerse del conflicto y el enfrentamiento y por eso los minimiza. Cuando sabe que la gente que lo rodea tiene opiniones dispares, usted trata de encontrar los puntos de acuerdo. Intenta disuadirla para evitar la confrontación y buscar la armonía. De hecho, la armonía es uno de sus valores fundamentales. No puede entender cómo la gente desperdicia su tiempo tratando de imponer sus opiniones a los demás. ¿No seríamos más productivos si mantuviéramos al margen nuestras opiniones en pos de conseguir consenso y apoyo? Para usted, eso es lo mejor. Por eso, vive de acuerdo con esa convicción. Usted guarda silencio cuando otros pretenden imponer sus objetivos, argumentos y convicciones. Cuando los demás deciden tomar otra dirección, usted está dispuesto a modificar sus propios objetivos para unirse con ellos en pos de la armonía, siempre y cuando ello no contradiga sus valores intrínsecos. Cuando los demás comienzan a discutir defendiendo sus teorías o conceptos preferidos, usted se aparta de la discusión; prefiere hablar sobre cosas prácticas y realistas en las que todos podrían coincidir. En su opinión, todos estamos en el mismo barco y necesitamos de él para llegar adonde queremos ir. Es un buen barco y no hace falta zarandearlo sólo con el fin de probar que sí se puede.

En las Escrituras, algunos pasajes que se refieren al talento Armonía son:

Vivan en armonía unos con otros...
Romanos 12, 16

Felices los que trabajan por la paz,
porque se llamarán hijos de Dios.
Mateo 5, 9

Hermanos, en nombre de nuestro Señor Jesucristo les ruego que se pongan de acuerdo y que no haya divisiones entre ustedes, sino que vivan en perfecta armonía de pensamiento y opinión.
1 Corintios 1, 10

Vean: ¡qué bueno, qué grato
    convivir los hermanos unidos!
Salmos 133, 1

Quien comienza una discusión abre una represa:
    antes de involucrarte, retírate.
Proverbios 17, 14

Para lograr una mejor comprensión de este talento, analice las cinco reflexiones que se ofrecen a continuación y elija las que mejor lo describen.

- ☐ Usted desea la paz e intenta unir a las personas.

- ☐ Puede ver puntos en común entre las personas, incluso cuando están en conflicto.

- ☐ Intenta ayudar a que los individuos, las familias y las comunidades trabajen de manera conjunta.

- ☐ Hay quienes quizá lo critiquen o malinterpreten. Incluso pueden llegar a tildarlo de cobarde. Usted mismo a veces considera que su anhelo de armonía no es más que una forma de evitar los conflictos.

- ☐ El talento Armonía es muy valioso porque le permite ver lo que las personas tienen en común y ayudarlas a compartir sus puntos de vista para que puedan interactuar entre sí. Esto atrae a la gente hacia usted y logra la unión entre los miembros de un grupo. Los grupos, equipos u organizaciones funcionan mejor y obtienen mejores resultados gracias a que usted los ayuda a estar unidos.

AUTO-CONFIANZA

Tener el talento Auto-confianza es similar a tener seguridad en sí mismo. En lo más profundo de su ser, usted tiene fe en sus fortalezas. Se sabe capaz de asumir riesgos, de enfrentar nuevos desafíos, de ser asertivo y sobre todo de producir resultados. Pero la Auto-confianza es más que eso. Bendecido con el don de la Auto-confianza, usted confía no sólo en sus capacidades, sino también en sus juicios. Tiene una perspectiva del mundo que es única e incomparable. Como nadie observa las cosas con la misma exactitud que usted, sabe que ninguna otra persona podrá tomar decisiones en su lugar ni decirle lo que debe pensar. Podrán guiarlo, podrán darle sugerencias, pero sólo usted tiene la autoridad para llegar a sus propias conclusiones, tomar decisiones y actuar. Esa autoridad o responsabilidad final acerca de la forma en que lleva su vida no lo intimida. Al contrario, le parece natural. Sea cual sea la situación, usted siempre parece saber cuál es la decisión correcta. Este talento le otorga un aura de certeza. A diferencia de muchos, usted no se deja llevar fácilmente por los argumentos de otros, por más persuasivos que sean. Dependiendo de sus otros talentos, el talento la Auto-confianza puede estar contenido o ser manifiesto, pero es sólido y fuerte. Es como el timón de un barco, que lo mantiene en su curso a pesar de las diferentes presiones.

En las Escrituras, algunos pasajes que se refieren al talento Auto-confianza son:

La fe es la garantía de lo que se espera, la prueba de lo que no se ve.
Hebreos 11, 1

Por esa causa padezco estas cosas, pero no me siento fracasado, porque sé en quién he puesto mi confianza y estoy convencido de que puede custodiar el bien que me ha encomendado hasta el último día.
2 Timoteo 1, 12

71

José tuvo otro sueño y se lo contó a sus hermanos: "He tenido otro sueño: El sol y la luna y once estrellas se postraban ante mí". Cuando se lo contó a su padre y a sus hermanos, su padre le reprendió: "¿Qué es eso que has soñado? ¿Es que yo y tu madre y tus hermanos vamos a postrarnos por tierra ante ti?". Sus hermanos le tenían envidia, pero su padre se guardó el asunto.
Génesis 37, 9-11

Para lograr una mejor comprensión de este talento, analice las cinco reflexiones que se ofrecen a continuación y elija las que mejor lo describen.

☐ Usted tiene plena confianza en su capacidad para manejar su vida.

☐ Es perfectamente capaz de salir adelante luego de desilusiones y crisis.

☐ Cree que sus decisiones son correctas y que su perspectiva es única e incomparable.

☐ Hay quienes quizá consideren que su auto-confianza es una señal de orgullo o arrogancia. Algunas personas tal vez lo critiquen, pero en realidad desearían tener su confianza. A veces las personas desean acercarse a usted para contagiarse de su confianza. Pero otras lo prefieren lejos porque, al no tener seguridad en sí mismos, temen que usted descubra cómo son en realidad.

☐ El talento Auto-confianza es muy valioso porque le da la fortaleza necesaria para soportar muchas presiones, mantener el rumbo y hacer valer su autoridad para sacar conclusiones, tomar decisiones y actuar en consecuencia.

CARISMA

El talento Carisma se refiere a conquistar a la gente. A usted le encanta el desafío de conocer personas nuevas y caerles bien. Rara vez los desconocidos lo intimidan. Por el contrario, lo estimulan y atraen. Desea aprender sus nombres, hacerles preguntas y encontrar áreas de interés común para poder entablar una conversación y establecer una relación. Mientras que algunas personas evitan iniciar conversaciones porque temen quedarse sin temas de discusión, a usted esto no lo detiene. No sólo es muy raro que se quede sin temas de qué hablar, sino que disfruta del riesgo de iniciar conversaciones con personas desconocidas. Le da mucha satisfacción romper el hielo y establecer nuevos vínculos. Una vez que ha establecido un vínculo, se siente satisfecho y concluye la conversación para poder conocer a alguien más. Siempre hay gente nueva por conocer, lugares para establecer nuevos contactos y nuevos grupos con quienes socializar. En su concepción del mundo no hay desconocidos, sino amigos... ¡muchos amigos por conocer!

En las Escrituras, algunos pasajes que se refieren al talento Carisma son:

No olviden la hospitalidad, por la cual algunos, sin saberlo, hospedaron a ángeles.
Hebreos 13, 2

Viendo a la multitud, se conmovió por ellos, porque estaban maltratados y abatidos, como ovejas sin pastor. Entonces dijo a los discípulos: "La cosecha es abundante, pero los trabajadores son pocos. Rueguen al dueño de los campos que envíe trabajadores para su cosecha".
Mateo 9, 36-38

Traten a los de fuera con sensatez, aprovechando la ocasión.
Colosenses 4, 5

Para lograr una mejor comprensión de este talento, analice las cinco reflexiones que se ofrecen a continuación y elija las que mejor lo describen.

☐ Usted tiene la capacidad de conectarse con las personas rápidamente y generar en ellas respuestas positivas.

☐ Puede moverse entre las multitudes fácilmente y siempre sabe qué hacer y qué decir.

☐ En su concepción del mundo no hay extraños, sino amigos que todavía no conoce.

☐ Como conoce a tanta gente, hay quienes pueden pensar que usted únicamente forja relaciones superficiales. Sin embargo, otros envidian su facilidad para hacer amistades.

☐ El talento Carisma es muy valioso porque las personas se sienten influenciadas por su capacidad para formar grupos y entablar relaciones.

COMPETITIVO

El fundamento del talento Competitivo es la comparación. Cuando observa el mundo que lo rodea, usted está instintivamente pendiente del desempeño de los demás. Mide sus resultados a través de la vara que mide la puntuación del desempeño de los demás. Si usted no supera a sus pares, no importa cuánto esfuerzo haya invertido ni el valor de sus intenciones aunque alcance sus objetivos; dicha puntuación le resultará vacía, ya que lo importante es ganar. Al igual que todos los competidores, usted necesita de otra gente para compararse. Porque, si puede compararse, puede competir y, si puede competir, puede ganar. Y no hay sensación que se compare con la de ganar. Le gustan las mediciones porque a través de ellas puede realizar comparaciones; le gustan otros competidores, porque lo estimulan. Disfruta de las competencias porque siempre hay un ganador; prefiere las competencias que le dan una mayor oportunidad de triunfar. Si bien puede demostrar compañerismo y hasta ser estoico en la derrota, en realidad usted no compite por el gusto de competir. Usted compite para ganar. Con el tiempo, evitará involucrarse en competencias donde tenga pocas oportunidades para la victoria.

En las Escrituras, algunos pasajes que se refieren al talento Competitivo son:

Hijitos míos, ustedes son de Dios y han vencido a esos falsos profetas, porque el que está en ustedes es más poderoso que el que está en el mundo.
1 Juan 4, 4

¿No saben que en el estadio todos corren, pero uno sólo recibe el premio? Corran entonces para conseguirlo. Los que compiten se controlan en todo; y ellos lo hacen para ganar una corona corruptible, nosotros una incorruptible. Por mi parte, yo corro, pero no sin conocer el rumbo; lucho, pero no dando golpes al aire. Sino que entreno mi cuerpo y lo someto, no sea que, después de predicar a los otros, quede yo descalificado.
1 Corintios 9, 24-27

Del ejército filisteo se adelantó un luchador, llamado Goliat, oriundo de Gat, de casi tres metros de alto. Llevaba un casco de bronce en la cabeza, e iba cubierto con una coraza escamada también de bronce que pesaba medio quintal, tenía unas canilleras de bronce en las piernas y una jabalina de bronce a la espalda; el asta de su lanza era gruesa como el palo de un telar y su punta de hierro pesaba unos seis kilos. Su escudero caminaba delante de él. Goliat se detuvo y gritó a las filas de Israel: "¡No hace falta que salgan formados a luchar! Yo soy el filisteo, ustedes los esclavos de Saúl. Elijan a uno que baje a enfrentarme; si es capaz de pelear conmigo y me vence, seremos esclavos de ustedes; pero si yo le puedo y lo derroto, ustedes serán nuestros esclavos y nos servirán". Y siguió: "¡Yo desafío hoy al ejército de Israel! ¡Préstenme un hombre, y lucharemos mano a mano!".

1 Samuel 17, 4-10

Cuando lo corruptible se revista de incorruptibilidad y lo mortal de inmortalidad, se cumplirá lo escrito:

La muerte ha sido vencida definitivamente.

¿Dónde está, oh muerte, tu victoria?

¿Dónde está, oh muerte, tu aguijón?

El aguijón de la muerte es el pecado, el poder del pecado es la ley. Gracias sean dadas a Dios, que nos da la victoria por medio de nuestro Señor Jesucristo.

1 Corintios 15, 54-57

Para lograr una mejor comprensión de este talento, analice las cinco reflexiones que se ofrecen a continuación y elija las que mejor lo describen.

☐ Usted quiere ganar; algo que por lo general implica superar a otros.

☐ Se esfuerza mucho por destacarse entre el resto.

☐ Se compara constantemente con los demás y lo mismo hace con su desempeño.

☐ Si cree que no va a ganar, puede que prefiera no participar. Hay quienes quizá consideren inapropiada su competitividad y lo dejen de lado, lo rechacen o lo acusen de arrogante.

☐ El talento Competitivo es muy valioso porque le permite tener influencia sobre las personas que conforman su grupo e incluso alentarlas para que obtengan más logros que los demás grupos. Usted le aporta energía al grupo e impulsa a los demás a lograr niveles más altos de excelencia.

COMUNICACIÓN

A usted le gusta explicar, describir, escribir, hablar en público y erigirse en anfitrión. Así es como se manifiesta su talento para la Comunicación. Las ideas son insípidas y los eventos son estáticos; por lo tanto, usted tiene la necesidad de darles vida, llenarlos de energía, hacerlos emocionantes y relatarlos de manera gráfica. Por eso, convierte los "sucesos" en anécdotas y disfruta narrándolas. Usted toma una idea "insípida" y le da vida con imágenes, ejemplos y metáforas. Usted cree que la mayoría de las personas sólo pueden mantener la atención por períodos breves y que, por más que se las bombardee con información, sólo recuerdan una pequeña parte de la misma. Por su talento Comunicación, usted desea que la información (ya sea una idea, un suceso, las características y beneficios de un producto, un descubrimiento o una lección) perduren. Desea ser el centro de atención y, una vez que lo logra, quiere mantener y retener esta posición. Ello lo motiva a buscar la frase perfecta, a utilizar palabras dramáticas y a buscar combinaciones impactantes de palabras. Por eso, a la gente le gusta escucharlo. Sus relatos con frases pictóricas cautivan la atención de los demás, enriquece su mundo y los inspira a la acción.

En las Escrituras, algunos pasajes que se refieren al talento Comunicación son:

Cuando Jesús terminó su discurso, la multitud estaba asombrada de su enseñanza; porque les enseñaba con autoridad, no como sus letrados.
Mateo 7, 28-29

Todo esto se lo expuso Jesús a la multitud con parábolas; y sin parábolas no les expuso nada.
Mateo 13, 34

El Qohelet, además de ser un sabio, enseñó al pueblo lo que él sabía. Estudió, inventó y formuló muchos proverbios; el Qohelet procuró un estilo

atractivo y escribió la verdad con acierto. Las sentencias de los sabios son como aguijones o como clavos bien clavados de los que cuelgan muchos objetos: las pronuncia un solo pastor.
Eclesiastés 12, 9-11

Pero, ¿cómo lo invocarán si no han creído en él? ¿Cómo creerán si no han oído hablar de él? ¿Cómo oirán si nadie les anuncia? ¿Cómo anunciarán si no los envían? Como está escrito: ¡Qué hermosos son los pasos de los mensajeros de buenas noticias!
Romanos 10, 14-15

Para lograr una mejor comprensión de este talento, analice las cinco reflexiones que se ofrecen a continuación y elija las que mejor lo describen.

☐ A usted le gusta hablar y se destaca en ello.

☐ Sabe explicar y poner las cosas en claro.

☐ Es probable que tenga la capacidad de relatar anécdotas particularmente cautivantes, porque sabe cómo crear imágenes en la mente de los demás.

☐ Hay quienes quizá lo critiquen porque le gusta hablar mucho.

☐ El talento Comunicación es muy valioso porque le permite llegar al otro y conectarse con él. Su capacidad para narrar anécdotas le permite crear imágenes en la mente de los demás y lo convierte en una persona influyente porque, gracias a esta capacidad, puede establecer conexiones y vincularse con otros.

CONEXIÓN

Cuando se tiene el talento Conexión, se tiende a pensar que todas las cosas ocurren por una razón. Usted está seguro de eso. Y lo está porque, en lo más íntimo de su ser, sabe que todos estamos conectados. Sí, somos individuos responsables de nuestros propios juicios y en posesión de nuestro libre albedrío; no obstante, somos parte de algo más grande. Algunos pueden definirlo como "inconsciente colectivo"; tal vez otros lo llamen "espíritu o fuerza vital". Cualquiera sea la definición que elija, a usted le da confianza saber que no estamos aislados unos de otros, ni de la Tierra, ni de la vida que en ella existe. Este sentimiento de Conexión implica ciertas responsabilidades. Si somos parte de un todo, cada una de nuestras acciones repercute en el otro; por lo tanto, no debemos causar daño porque nos estaríamos dañando a nosotros mismos. No debemos explotar a nadie porque nos estaríamos explotando a nosotros mismos. La conciencia y aceptación de estas responsabilidades da origen a su sistema de valores. Usted es una persona considerada y afectuosa que siente la necesidad de incluir y aceptar a los demás. Teniendo la certeza de la unidad que existe en el género humano, tiende puentes de unión entre las personas de diferentes grupos o culturas. Usted sabe que hay algo más, que existe un propósito que va más allá de nuestras vidas cotidianas y, al poder percibir esto, puede alentar a los demás. Sus objetos de fe dependerán de su formación y cultura, pero su fe es fuerte y los sostiene a usted y a sus amigos más cercanos frente a los misterios de la vida.

En las Escrituras, algunos pasajes que se refieren al talento Conexión son:

Sabemos que Dios dispone todas las cosas para el bien de los que le aman, de los llamados según su designio.
Romanos 8, 28

Pidan y se les dará, busquen y encontrarán, llamen y se les abrirá, porque quien pide recibe, quien busca encuentra, a quien llama se le abrirá.
Mateo 7, 7-8

Dios ha dispuesto los miembros en el cuerpo, cada uno como ha querido. Si todo fuera un solo miembro, ¿dónde estaría el cuerpo? Ahora bien, los miembros son muchos, el cuerpo es uno. No puede el ojo decir a la mano: No te necesito; ni la cabeza a los pies: No los necesito. [...] Si un miembro sufre, sufren con él todos los miembros; si un miembro es honrado, se alegran con él todos los miembros. Ustedes son el cuerpo de Cristo, y cada uno en particular, miembros de ese cuerpo.
1 Corintios 12, 18-21; 12, 26-27

Yo, el prisionero por el Señor, los exhorto a vivir de acuerdo con la vocación que han recibido. Sean humildes y amables, tengan paciencia y sopórtense unos a otros con amor, esfuércense por mantener la unidad del espíritu con el vínculo de la paz. Uno es el cuerpo, uno el Espíritu, como una es la esperanza a que han sido llamados, un sólo Señor, una sola fe, un sólo bautismo, uno es Dios, Padre de todos, que está sobre todos, entre todos, en todos.
Efesios 4, 1-6

Para lograr una mejor comprensión de este talento, analice las cinco reflexiones que se ofrecen a continuación y elija las que mejor lo describen.

☐ En su opinión, todo ocurre por alguna razón. Todo funciona conjuntamente y con un sentido.

☐ Usted se siente conectado con la vida misma. Por eso, tiene la necesidad de ser considerado, cariñoso y de aceptar a los demás.

☐ Usted tiende puentes de unión entre personas de distintos orígenes para que puedan desarrollar una fe que las trascienda.

☐ Cuando parece que el mundo y los que habitamos en él estamos fracturados, destruidos y aislados unos de los otros, usted se desalienta y aflige. Por eso, algunas personas lo consideran demasiado ingenuo o débil.

☐ El talento Conexión es muy valioso porque le brinda la convicción y la fe que lo sostienen y le dan ánimo en los momentos difíciles, y no sólo a usted sino también a sus amigos. Usted cree que, más allá del mundo visible, existe un plan, un designio y una fuerza que ofrece consuelo y confianza y que hace que las cosas tengan sentido. Su talento Conexión le da esperanza y lo ayuda a alcanzar sus metas fundamentales.

CONTEXTO

Usted mira hacia el pasado. Recurre al pasado porque es ahí donde están las respuestas. Lo analiza para comprender el presente. Desde su perspectiva, el presente le resulta inestable y confuso con tantas opiniones disonantes. El presente recobra su estabilidad únicamente remontándose a una época anterior en la cual se trazaron los primeros planos. Aquella era una época más simple, una época de fundación. A medida que mira hacia atrás, puede ir conociendo cómo surgieron esos esquemas originales y se da cuenta de cuáles fueron las intenciones iniciales. Esos esquemas o intenciones se adornaron tanto que hoy son casi irreconocibles. Pero gracias a su talento Contexto, usted los trae nuevamente a la luz. Ese conocimiento le da confianza, porque le permite entender y tomar mejores decisiones al poder darle sentido a la estructura subyacente. Esto lo convierte en un buen compañero, porque comprende cómo sus colegas llegaron a ser lo que son. También se vuelve más sabio respecto del futuro, porque no se basa en su intuición, sino que presta atención a lo que se ha sembrado para saber qué se cosechará. Cuando se encuentra con gente o situaciones nuevas, le toma algo de tiempo adaptarse, pero debe darse ese tiempo. Esfuércese por formular todas aquellas preguntas sobre el pasado que tanto le interesan. Permita que surja el origen de todo, que los "planos" queden al descubierto. Sin esto, no tendrá tanta confianza en sus decisiones.

En las Escrituras, algunos pasajes que se refieren al talento Contexto son:

Pero, cuidado, guárdate muy bien de olvidar los sucesos que vieron tus ojos, que no se aparten de tu memoria mientras vivas; cuéntaselos a tus hijos y nietos. El día aquel que estuviste ante el Señor, tu Dios, en el Monte Horeb, cuando me dijo el Señor: Reúneme al pueblo y les haré oír mis palabras,

para que aprendan a temerme mientras vivan en la tierra y se las enseñen a sus hijos.
Deuteronomio 4, 9-10

En el pasado muchas veces y de muchas formas habló Dios a nuestros padres por medio de los profetas. En esta etapa final nos ha hablado por medio de su Hijo, a quien nombró heredero de todo, y por quien creó el universo.
Hebreos 1, 1-2

[Josué] les dijo: "Vayan hasta el medio del Jordán, ante el arca del SEÑOR, su Dios, y cargue cada uno al hombro una piedra, una por cada tribu de Israel, para que queden como monumento entre ustedes. Cuando sus hijos el día de mañana les pregunten qué son esas piedras, ustedes les contestarán: Es que el agua del Jordán dejó de correr frente al arca de la alianza del SEÑOR; cuando el arca atravesaba el Jordán, dejó de correr el agua. Esas piedras se lo recordarán perpetuamente a los israelitas".
Josué 4, 5-7

Lo que es, ya fue; lo que será ya sucedió, porque Dios vuelve a traer lo que pasó.
Eclesiastés 3, 15

No piensen que he venido a abolir la ley o los profetas. No vine para abolir, sino para cumplir.
Mateo 5, 17

Para lograr una mejor comprensión de este talento, analice las cinco reflexiones que se ofrecen a continuación y elija las que mejor lo describen.

☐ Usted mira el pasado para comprender el presente.

☐ Al analizar lo que ya pasó, distingue ciertos patrones.

☐ Usted aprende mejor cuando ubica lo que debe aprender en el contexto de otras variables importantes y en el contexto histórico correspondiente.

☐ Es probable que se sienta desorientado si no logra distinguir patrones que surjan del pasado. Hay quienes quizá se impacienten con usted por su esfuerzo por comprender las diversas complejidades de la vida. Tal vez piensen que es "lento", porque insiste en comprender cuál fue el proceso que lo llevó al punto en que se encuentra en la actualidad.

☐ El talento Contexto es muy valioso porque le ofrece una perspectiva que mejora su capacidad y confianza para tomar decisiones y elaborar planes de acción.

CREENCIA

Si en usted resalta el talento Creencia es porque tiene ciertos valores intrínsecos que son inalterables. Los valores varían dependiendo de la persona, pero, por lo general, su talento Creencia lo lleva a orientarse hacia la familia, ser altruista, hasta espiritual, y valorar la responsabilidad y la ética, tanto en sí mismo como en los demás. Estos valores centrales afectan su conducta de diversas maneras. Le dan un mayor significado y satisfacción a su vida. A su juicio, el éxito va más allá del dinero y el prestigio. Los valores le sirven de guía para establecer sus prioridades, aun a pesar de las tentaciones y distracciones de la vida. Esta coherencia es la base de todas sus relaciones. Gracias a esto, sus amigos saben que pueden contar con usted, conocen su postura ante la vida y lo consideran confiable. Este talento también le exige encontrar un trabajo acorde con sus valores. Su trabajo debe tener contenido, debe "ser importante"; es decir, "tener un significado". Guiado por su talento Creencia, cualquier tarea o trabajo sólo tendrá importancia si le brinda la oportunidad de manifestar vivencialmente sus valores.

En las Escrituras, algunos pasajes que se refieren al talento Creencia son:

Y si no están dispuestos a servir al SEÑOR, elijan hoy a quién quieren servir: a los dioses que sirvieron sus padres al otro lado del río o a los dioses de los amorreos en cuyo país habitan, que yo y mi familia serviremos al SEÑOR.
Josué 24, 15

Lo que tengan que hacer háganlo de corazón, como sirviendo al Señor y no a hombres; convencidos de que el Señor los recompensará dándoles la herencia prometida. Es a Cristo a quien sirven.
Colosenses 3, 23-24

Después dice a Tomás: "Mira mis manos y toca mis heridas; extiende tu mano y palpa mi costado, en adelante no seas incrédulo, sino hombre de fe". Le contestó Tomás: "Señor mío y Dios mío". Le dice Jesús: "Porque me has visto, has creído; felices los que crean sin haber visto".
Juan 20, 27-29

Para lograr una mejor comprensión de este talento, analice las cinco reflexiones que se ofrecen a continuación y elija las que mejor lo describen.

- ☐ Sus valores centrales son inalterables. Es probable que tenga conflictos con aquellos que se oponen a sus creencias o no las valoricen.

- ☐ Tiene ideas profundamente arraigadas acerca de cómo son las cosas, cómo deberían ser y cuál es su propósito en la vida.

- ☐ Usted desempeñará enérgicamente cualquier puesto, tarea o rol que promueva una de esas creencias bien arraigadas.

- ☐ Por sus convicciones firmes, hay quienes creen que usted es una persona rígida o que siempre va contra la corriente.

- ☐ El talento Creencia es muy valioso porque lo motiva a esforzarse, destacarse y obtener algún logro, siempre que este logro concuerde con sus valores y creencias. Sus creencias no sólo le dan vigor a su existencia, sino que también son la base del sentido de su vida.

DESARROLLADOR

Usted ve el potencial en los demás; de hecho, con frecuencia esto es todo lo que percibe. A su juicio, nadie ha alcanzado un estado de formación completa. Por el contrario, cada individuo está en un constante proceso de desarrollo con miles de posibilidades. Y es justamente por esa razón que usted se siente atraído por el género humano. Cuando interactúa con otros, su primordial objetivo es ayudarlos a saborear el éxito. Para ello, busca la forma de desafiarlos, por ejemplo a través de proyectos interesantes que los ayuden a crecer y superarse. Usted siempre está atento para detectar muestras de superación: un nuevo comportamiento aprendido o modificado, una leve mejora de una destreza, un destello de excelencia o pasos firmes donde antes sólo habían dudas. Para usted, esos pequeños progresos, invisibles para otros, son claros signos del aprovechamiento de un potencial que se está alcanzando en su totalidad. Este progreso es su fuente de combustible y le brinda más fortaleza y significado a su vida. A través del tiempo, muchos acudirán a usted en busca de ayuda y aliento, porque sabrán que los ayudará de manera genuina y con gran satisfacción.

En las Escrituras, algunos pasajes que se refieren al talento Desarrollador son:

La noticia llegó a oídos de la Iglesia de Jerusalén, que envió a Bernabé a Antioquía. Al llegar y comprobar la gracia de Dios, se alegró y, como era hombre bueno, lleno de fe y de Espíritu Santo, exhortó a todos a ser fieles al Señor de todo corazón. Un buen número de personas se incorporó al Señor. Bernabé marchó a Tarso en busca de Saulo, y cuando lo encontró, lo condujo a Antioquía. Un año entero actuaron en aquella Iglesia instruyendo a una comunidad numerosa. En Antioquía los discípulos fueron llamados por primera vez cristianos.
Hechos 11, 22-26

Cada vez que me acuerdo de ustedes, doy gracias a mi Dios; y siempre que pido cualquier cosa por todos ustedes, lo hago con alegría, pensando en la colaboración que prestaron a la difusión de la Buena Noticia, desde el primer día hasta hoy. Estoy seguro de quien comenzó en ustedes la obra buena, la llevará a término hasta el día de Cristo Jesús.
Filipenses 1, 3-6

...nos portamos con ustedes con toda bondad, como una madre que acaricia a sus criaturas. Sentíamos tanto afecto por ustedes, que estábamos dispuestos a entregarles no sólo la Buena Noticia de Dios, sino también nuestra propia vida: tanto los queríamos. [...] saben que tratamos a cada uno como un padre a su hijo, exhortándolos, animándolos, exigiéndoles a llevar una vida digna de Dios, que los llamó a su reino y gloria.
1 Tesalonicenses 2, 7-8; 2, 11-12

Lo que me escuchaste en presencia de muchos testigos transmítelo a personas de fiar, que sean capaces de enseñárselo a otros.
2 Timoteo 2, 2

Para lograr una mejor comprensión de este talento, analice las cinco reflexiones que se ofrecen a continuación y elija las que mejor lo describen.

☐ Usted es capaz de ver cómo los demás se comportan, cambian, crecen y se convierten en mejores personas.

☐ Le encanta ver a las personas avanzar en la vida y advierte hasta el más mínimo de sus progresos.

☐ Para usted, una de las experiencias más satisfactorias es formar parte del desarrollo de otra persona.

☐ Hay quienes quizá no estén dispuestos o preparados para progresar de la forma en que usted espera que lo hagan. Por consiguiente, tal vez se sienta frustrado al ver que los demás no quieren superarse o tal vez sufra si ellos lo alejan de sus vidas porque se sienten presionados a mejorar.

☐ El talento Desarrollador es muy valioso porque lo ayuda a ver el potencial en los demás y a guiarlos en la dirección correcta. Las personas normalmente crecen y mejoran ante la presencia de un desarrollador. Cuando pone usted en práctica su talento Desarrollador, educa, asesora y alienta a las personas todo el tiempo.

DISCIPLINA

Si su talento es Disciplina, necesita que el mundo sea predecible, ordenado y planificado. Por esta razón, instintivamente estructura su mundo, establece rutinas y se focaliza en los plazos y las fechas de entrega para completar las tareas. Divide los proyectos a largo plazo en una serie de planes a corto plazo con objetivos específicos para trabajar en cada uno de ellos de manera diligente. Este talento describe su necesidad de ser preciso y meticuloso, aunque no necesariamente se refiere a la limpieza o el orden en el que usted tenga las cosas. Frente al desorden que la vida misma presenta, usted desea sentir que tiene todo bajo control. Las rutinas, los plazos, las estructuras... todos estos elementos ayudan a crearle esta sensación de control. A alguien que carece de este talento, es posible que le moleste su necesidad de orden, pero esto no tiene que representar un conflicto. Usted debe entender que no todos sienten la misma necesidad de que todo sea predecible: las demás personas tienen otras formas de hacer las cosas. Asimismo, usted puede ayudar a otras personas a entender e incluso a apreciar su necesidad de estructura. Su disgusto ante los imprevistos, su impaciencia con los errores, sus rutinas, su dedicación a los detalles... nada de eso tiene que malinterpretarse como una conducta controladora que limita a la gente. Por el contrario, este comportamiento debe entenderse como un método instintivo para sostener la productividad y seguir avanzando frente a las diversas distracciones que la vida presenta.

En las Escrituras, algunos pasajes que se refieren al talento Disciplina son:

Y que todo se haga en orden y decentemente.
1 Corintios 14, 40

Todo esto se hallaba en un escrito que el SEÑOR le había consignado, explicando la fabricación del modelo.
1 Crónicas 28, 19

Los planes del hombre cuidadoso traen ganancia,
    los del precipitado traen pobreza.
Proverbios 21, 5

Para lograr una mejor comprensión de este talento, analice las cinco reflexiones que se ofrecen a continuación y elija las que mejor lo describen.

☐ Usted se organiza de forma eficaz para cumplir con sus tareas en tiempo y forma.

☐ Tiende a rodearse de personas productivas.

☐ Genera orden y estructura donde sea necesario.

☐ Algunas personas tal vez lo tilden de compulsivo y maniático del control debido a su autodisciplina y a su capacidad de estructurar el mundo. Sin embargo, estos atributos hacen que sea usted productivo (en general, más que aquellos que lo critican).

☐ El talento Disciplina es muy valioso porque lo convierte en una persona efectiva *y* eficiente. Por un lado, lo estimula a organizar tareas. Y por el otro, le brinda la motivación necesaria para completar esas tareas.

EMPATÍA

Usted puede percibir los sentimientos de las personas que lo rodean. Siente esas emociones como si se trataran de sus propios sentimientos. Intuitivamente, puede ver el mundo a través de los ojos de los demás y compartir sus perspectivas aunque no siempre esté de acuerdo con ellas. Este talento no tiene que ver con sentir lástima o compasión por las situaciones difíciles que pasa todo el mundo. Tampoco significa que usted aprueba las decisiones que toma cada persona, sino que es capaz de entenderlas. Esa instintiva capacidad de comprensión es poderosa. Usted escucha las preguntas que aún no se han formulado y anticipa las necesidades de los otros. Cuando a alguien se le dificulta encontrar las palabras adecuadas, usted tiene las palabras justas y las expresa en el tono correcto. Usted ayuda a las personas a reconocer sus sentimientos y expresarlos mejor para sí mismas y los demás. Las ayuda a expresar en voz alta su vida emocional. Por todas estas razones, la gente se siente atraída hacia usted.

En las Escrituras, algunos pasajes que se refieren al talento Empatía son:

Jesús al ver llorar a María y también a los judíos que la acompañaban, se estremeció por dentro y dijo muy conmovido: "¿Dónde lo han puesto?". Le dicen: "Ven, Señor, y lo verás". Jesús se echó a llorar.
Juan 11, 33-35

Alégrense con los que están alegres y lloren con los que lloran.
Romanos 12, 15

Una mujer que llevaba doce años padeciendo hemorragias, [que había gastado en médicos su entera fortuna] y que nadie le había podido sanar, se le acercó por detrás y le tocó el borde de su manto. Al instante se le cortó la hemorragia. Jesús preguntó: "¿Quién me ha tocado?". Y, como todos lo negaban, Pedro dijo: "Maestro, la multitud te cerca y te apretuja". Pero

Jesús replicó: "Alguien me ha tocado, yo he sentido que una fuerza salía de mí". Viéndose descubierta, la mujer se acercó temblando, se postró ante él y explicó delante de todos por qué lo había tocado y cómo se había mejorado inmediatamente. Jesús le dijo: "Hija, tu fe te ha salvado. Vete en paz".
Lucas 8, 43-48

Para lograr una mejor comprensión de este talento, analice las cinco reflexiones que se ofrecen a continuación y elija las que mejor lo describen.

☐ Usted tiene la capacidad de ponerse en los zapatos de otra persona.

☐ Puede percibir el dolor y la alegría de los demás, incluso antes de que ellos mismos puedan expresarlos. Las personas sienten que usted las escucha y sienten su compasión.

☐ Como entiende sus sentimientos, las personas acuden a usted cuando necesitan algo o tienen un problema, especialmente si se trata de relaciones.

☐ El talento Empatía puede jugarle en contra si todas las emociones que percibe cotidianamente lo dejan abrumado. Le resulta muy difícil desempeñar roles y mantener relaciones con otras personas si ellas proyectan sus emociones negativas en usted. En ocasiones, es posible que se sienta agobiado por las emociones ajenas.

☐ El talento Empatía es muy valioso porque le permite formar relaciones estrechas, en las que usted sirve de apoyo, ayuda y aliento para los demás.

EMPRENDEDOR

Su talento Emprendedor ayuda a explicar el impulso que lo caracteriza. La persona que tiene el talento Emprendedor siente la necesidad constante de lograr algo. Usted siente como si todos los días comenzara de cero. Usted necesita lograr algo tangible todos los días para sentirse bien consigo mismo. Y al decir "todos los días" se incluyen los días laborales, feriados y vacaciones. No importa cuán merecido sea para usted tener un día de descanso: si ese día transcurre sin que haya logrado algo, se sentirá insatisfecho. Usted tiene una sed insaciable. Siente la necesidad constante de lograr algo. Después de alcanzar un logro, la sed disminuye momentáneamente, pero pronto se intensifica y lo obliga a seguir escalando hacia el próximo objetivo... ¡y los siguientes! Su implacable necesidad de emprender puede ser ilógica, puede incluso no estar enfocada, pero es realmente insaciable y siempre lo será. Como Emprendedor, debe aprender a vivir con ese hálito de descontento. Pero este talento tiene sus ventajas. Le proporciona la energía necesaria para trabajar durante largas jornadas sin agotarse. Es el vigor con el que siempre puede contar para iniciar tareas y retos nuevos. Es la fuente de energía que hace que usted fije el ritmo y defina los niveles de productividad de su equipo de trabajo. Es el talento que hace que esté usted constantemente en movimiento.

En las Escrituras, algunos pasajes que se refieren al talento Emprendedor son:

> *Hermanos míos, ¿de qué le sirve a uno decir que tiene fe si no tiene obras? ¿Podrá salvarlo la fe? Supongan que un hermano o hermana andan medio desnudos, o sin el alimento necesario, y uno de ustedes le dice: vayan en paz, abríguense y coman todo lo que quieran; pero no les da lo que sus cuerpos necesitan, ¿de qué sirve? Lo mismo pasa con la fe que no va acompañada de obras, está muerta del todo.*
> Santiago 2, 14-17

Les pedimos, hermanos, que tengan respeto a los que trabajan entre ustedes, los gobiernan y aconsejan en nombre del Señor; muéstrenles cariño y afecto por su trabajo. Vivan en paz unos con otros.
1 Tesalonicenses 5, 12-13

El hombre irresponsable en sus asuntos
    es hermano del que destruye.
Proverbios 18, 9

Pero deseamos que cada uno de ustedes muestre hasta el final el mismo entusiasmo, para alcanzar lo que esperan. No queremos que se vuelvan perezosos, sino imitadores de los que, por la fe y la paciencia, heredan las promesas.
Hebreos 6, 11-12

Para lograr una mejor comprensión de este talento, analice las cinco reflexiones que se ofrecen a continuación y elija las que mejor lo describen.

☐ Usted se esfuerza por llevar a cabo y completar todas las tareas que figuran en su lista de "pendientes", y siempre tiene mucho por hacer.

☐ Es una persona atareada y productiva, y se siente satisfecha cada vez que alcanza una meta.

☐ Es usted una persona con mucho vigor y decidida a lograr sus objetivos.

☐ Hay quienes quizá lo critiquen porque consideran excesivo su afán por alcanzar las metas que se propone. Puede que digan que es "adicto al trabajo", pero lo cierto es que a usted le gusta lo que hace y le gusta trabajar fuerte.

☐ El talento Emprendedor es muy valioso porque mantiene en usted la motivación que lo impulsa a alcanzar sus metas y lograr niveles cada vez más altos de excelencia. Usted no va a descansar hasta cumplir sus objetivos más deseados... y estos deben ser verdaderamente *sus propios* objetivos.

ENFOQUE

"¿Hacia dónde me dirijo?", se pregunta a sí mismo. Se plantea esta pregunta todos los días. Guiado por este talento, usted necesita un destino claro. Si no lo tiene, su vida y su trabajo pueden resultarle frustrantes en un corto plazo. Por lo tanto, usted se fija objetivos a cumplir por año, por mes e incluso por semana. Esos objetivos le sirven de brújula, lo ayudan a definir sus prioridades y a hacer las correcciones que sean necesarias para restablecer el curso. Este talento es poderoso porque instintivamente lo obliga a seleccionar: a evaluar si determinada acción lo ayudará o no a lograr su objetivo y a ignorar aquellas que no le sirvan. En última instancia, su Enfoque lo obliga a ser eficiente. Evidentemente, la otra cara de la moneda de este talento es que usted se impacienta ante las demoras, los obstáculos e incluso cualquier desviación del camino, por más interesante que sea. Esto lo convierte en un miembro muy valioso de cualquier equipo. Cuando otros comienzan a "irse por las ramas", usted los trae de vuelta al rumbo establecido. Su Enfoque les recuerda que, si algo no está ayudando al equipo a dirigirse hacia su destino, no es importante. Y si algo no es importante, no vale la pena perder el tiempo en ello. Usted logra que nadie se desvíe del camino.

En las Escrituras, algunos pasajes que se refieren al talento Enfoque son:

Cuando se iba cumpliendo el tiempo de que se lo llevaran al cielo, emprendió decidido el viaje hacia Jerusalén.
Lucas 9, 51

No es que haya alcanzado la meta ni logrado la perfección; yo sigo adelante con la esperanza de alcanzarlo, como Cristo [Jesús] me alcanzó. Hermanos, yo no pienso haberlo alcanzado. Digo solamente esto: olvidándome de lo que queda atrás, me esfuerzo por lo que hay por delante y corro hacia la

meta, hacia el premio al cual me llamó Dios desde arriba por medio de Cristo Jesús.
Filipenses 3, 12-14

Por lo tanto, nosotros, rodeados de una nube tan densa de testigos, desprendámonos de cualquier carga y del pecado que nos acorrala; corramos con constancia en la carrera que nos espera, fijos los ojos en el que inició y consumó la fe, en Jesús. El cual, por la dicha que le esperaba, sufrió la cruz, despreció la humillación y se ha sentado a la derecha del trono de Dios.
Hebreos 12, 1-2

Para lograr una mejor comprensión de este talento, analice las cinco reflexiones que se ofrecen a continuación y elija las que mejor lo describen.

☐ Usted puede trazar un camino, recorrerlo y hacer las correcciones necesarias para mantener el rumbo.

☐ Primero define las prioridades en su vida y sus tareas, luego actúa.

☐ Se fija metas que lo mantienen en la senda de la eficacia y la efectividad.

☐ Se siente frustrado cuando no puede determinar qué intenta hacer un grupo. Del mismo modo, se siente frustrado en su vida y su trabajo cuando sus objetivos no son claros.

☐ El talento Enfoque es muy valioso porque le permite evaluar situaciones y definir prioridades rápidamente, así como encaminarse a usted mismo y ayudar a que los grupos no pierdan el rumbo. El Enfoque lo motiva a ser eficiente. Como no se distrae con facilidad, logra muy buenos resultados.

EQUIDAD

El equilibrio es importante para usted. Usted es plenamente consciente de la necesidad de tratar a todos por igual, cualquiera que sea su situación en la vida. Por eso, no desea ver la balanza inclinada demasiado en favor de una persona, ya que en su opinión eso lleva al egoísmo y al individualismo. En un mundo donde prevalece el favoritismo, algunas personas obtienen una ventaja desleal ya sea por sus vinculaciones o su origen o porque han sabido sacar ventaja del sistema para escalar en su carrera. Todo esto le resulta verdaderamente ofensivo a usted. y se ve a sí mismo como un guardián contra este tipo de situaciones. En contraste con este mundo de favores "especiales", usted considera que la gente se desempeña mejor en un entorno equitativo, en el que las normas son claras y se aplican a todos por igual. Desea un entorno en que las personas saben lo que se espera de ellas; es predecible, equitativo y justo. Allí cada persona tiene igualdad de oportunidades para demostrar lo que vale.

En las Escrituras, algunos pasajes que se refieren al talento Equidad son:

Hermanos míos, ustedes que creen en nuestro glorioso Señor Jesucristo no hagan diferencias entre las personas. [...] Por lo tanto si ustedes cumplen la ley del reino, según lo escrito: amarás a tu prójimo como a ti mismo, procederán bien. *Pero si hacen diferencia entre una persona y otra, cometen pecado y son culpables ante la ley de Dios.*
Santiago 2, 1; 2, 8-9

Así serán hijos de su Padre del cielo, que hace salir su sol sobre malos y buenos y hace llover sobre justos e injustos.
Mateo 5, 45

En virtud del don que he recibido, me dirijo a cada uno de ustedes: no tengan pretensiones desmedidas, más bien, sean moderados en su propia estima, cada uno según el grado de fe que Dios le haya asignado.
Romanos 12, 3

Para lograr una mejor comprensión de este talento, analice las cinco reflexiones que se ofrecen a continuación y elija las que mejor lo describen.

☐ Usted procura tratar a todos con equidad. Tiene reglas claras y las aplica a todos de la misma manera.

☐ Lo ofende que algunos obtengan ciertas ventajas por sus vinculaciones o por su astucia.

☐ Está convencido de que la gente trabaja mejor en un entorno equitativo en el que las reglas rigen para todos por igual y se esfuerza para crear este tipo de entorno.

☐ Si bien usted se considera un guardián que protege lo que es correcto y un guerrero que lucha contra los privilegios, hay quienes quizá lo rechacen por asumir esa responsabilidad.

☐ El talento Equidad es muy valioso porque le permite identificar las desigualdades con mayor facilidad y sugerir de inmediato cambios que ayuden a construir un mundo más justo para todos.

ESTRATÉGICO

El talento Estratégico le permite ordenar la confusión y descubrir el mejor camino para seguir adelante. No se trata de una destreza que pueda enseñarse. Es un proceso de pensamiento singular, una perspectiva especial del mundo en general. Esta perspectiva le permite captar diferentes modelos o patrones donde otros no pueden ver más que complejidad. Atento a estos patrones, usted contempla las diferentes alternativas preguntándose siempre qué pasaría si hubiera sucedido tal cosa y qué pasaría si hubiera sucedido tal otra. Estas preguntas recurrentes lo ayudan a anticipar y a evaluar con precisión los posibles obstáculos. Desde esta posición, puede seleccionar el camino más indicado. Va descartando los caminos que no conducen a ningún lado, los que causan resistencia y los que resultan confusos. Usted tiene la capacidad de hacer elecciones hasta encontrar el camino elegido: su estrategia. Gracias a su estrategia logra avanzar. Luego de preguntarse "¿qué pasaría si...?", toma una decisión y avanza.

En las Escrituras, algunos pasajes que se refieren al talento Estratégico son:

Se reunieron tantos, que no quedaba espacio ni siquiera junto a la puerta. Y él les anunciaba la palabra. Llegaron unos llevando un paralítico entre cuatro; y, como no lograban acercárselo por el gentío, levantaron el techo encima de donde estaba Jesús, abrieron un boquete y descolgaron la camilla en que yacía el paralítico.
Marcos 2, 2-4

Indícame, SEÑOR, tus caminos,
enséñame tus sendas;
encamíname fielmente,
enséñame,
pues tú eres mi DIOS salvador,
y en ti espero todo el día.
Salmos 25, 4-5

No vale voluntad sin reflexión:
      quien apura el paso, tropieza.
Proverbios 19, 2

Ustedes no han tenido hasta ahora ninguna prueba que supere sus fuerzas humanas. Dios es fiel y no permitirá que sean probados por encima de sus fuerzas, al contrario, con la prueba les abrirá una salida para que puedan soportarla.
1 Corintios 10, 13

Para lograr una mejor comprensión de este talento, analice las cinco reflexiones que se ofrecen a continuación y elija las que mejor lo describen.

☐ Usted crea diversas formas de hacer las cosas.

☐ Al enfrentarse a problemas y situaciones complejas, puede distinguir patrones y otras cuestiones pertinentes sin dilaciones.

☐ Su mentalidad ante la vida y el trabajo lo llevan siempre a pensar: "¿Que pasaría si sucediera esto o lo otro?". Gracias a esta capacidad, puede visualizar, planificar y prepararse para situaciones futuras.

☐ Hay quienes quizá lo critiquen por no resolver situaciones con tanta rapidez como ellos quisieran, pero usted sabe que prever todos los posibles problemas y buscar la alternativa más conveniente implica una gran sabiduría.

☐ El talento Estratégico es muy valioso porque le permite analizar las ventajas y desventajas de distintas opciones y lograr objetivos rápidamente. Usted primero se crea una visión general de las situaciones y luego decide cuál es el camino a seguir más conveniente.

ESTUDIOSO

A usted le encanta aprender. La materia objeto de su interés estará determinada por sus otros talentos y experiencias, pero sea cual sea el tema, siempre se sentirá atraído por el proceso de aprendizaje. Es el proceso, más que el contenido o el resultado, lo que lo entusiasma en particular. Lo exalta la travesía continua y deliberada de la ignorancia al conocimiento. La emoción de las primeras tareas, los esfuerzos iniciales para recitar o practicar lo que ha aprendido, el desarrollo de la confianza ante una técnica dominada: ese es el proceso que le atrae. Su entusiasmo lo lleva a embarcarse en experiencias de aprendizaje aun en su vida de adulto, ya sean lecciones de yoga o de piano o clases de postgrado en una universidad. Este talento le permite prosperar en situaciones de trabajo dinámicas, en las que se le solicita que asuma proyectos a corto plazo que requieren el aprendizaje de un tema nuevo en un corto periodo de tiempo para luego pasar al siguiente. El talento Estudioso no significa necesariamente que usted busque convertirse en experto en una materia ni que su único objetivo sea recibir el respeto que acompaña a un profesional o académico. El resultado del aprendizaje tiene menos importancia para usted que el proceso de aprender en sí.

En las Escrituras, algunos pasajes que se refieren al talento Estudioso son:

El rey ordenó a Aspenaz, jefe de eunucos, seleccionar algunos israelitas de sangre real y de la nobleza, jóvenes, perfectamente sanos, de buen tipo, bien formados en la sabiduría, cultos e inteligentes y aptos para servir en palacio, y ordenó que les enseñasen la lengua y literatura caldeas.
Daniel 1, 3-4

Yendo de camino, entró Jesús en un pueblo. Una mujer, llamada Marta, lo recibió en su casa. Tenía una hermana llamada María, la cual, sentada a

los pies del Señor, escuchaba sus palabras; Marta ocupada en los quehaceres de la casa dijo a Jesús: "Maestro, ¿no te importa que mi hermana me deje sola en los quehaceres? Dile que me ayude". El Señor le respondió: "Marta, Marta, te preocupas y te inquietas por muchas cosas, cuando una sola es necesaria. María escogió la mejor parte y no se la quitarán".
Lucas 10, 38-42

[Esdras] se había dedicado a estudiar la ley del Señor para cumplirla y para enseñar a Israel sus mandatos y preceptos.
Esdras 7, 10

Tú permanece fiel a lo que aprendiste y aceptaste con fe: sabes de quién lo aprendiste. Recuerda que desde niño conoces la Sagrada Escritura, que puede darte sabiduría para salvarte por la fe en Cristo Jesús. Toda Escritura es inspirada y útil para enseñar, argumentar, encaminar e instruir en la justicia. Con lo cual el hombre de Dios estará formado y capacitado para toda clase de obras buenas.
2 Timoteo 3, 14-17

Para lograr una mejor comprensión de este talento, analice las cinco reflexiones que se ofrecen a continuación y elija las que mejor lo describen.

☐ Usted anhela aprender y superarse constantemente.

☐ Disfruta del proceso de aprendizaje tanto como de lo que aprende.

☐ Lo entusiasma aprender información nueva, explorar ideas nuevas y dominar una destreza importante. El aprendizaje aumenta su confianza en sí mismo.

☐ El querer aprender tantas cosas puede hacerlo sentir frustrado porque teme no llegar a ser un experto en nada.

☐ El talento Estudioso es muy valioso porque lo impulsa a prosperar en un mundo dinámico en el cual aprender es una necesidad. Usted puede aprender muchas cosas en poco tiempo.

EXCELENCIA

La excelencia, y no el promedio, es la norma que rige su vida. En su opinión, no vale la pena transformar algo que tiene un "desempeño por debajo del promedio" en algo que tenga un "desempeño promedio", ya que esto requiere grandes esfuerzos y ofrece poca satisfacción. En cambio, transformar algo bueno en algo excelente requiere casi el mismo esfuerzo y resulta mucho más emocionante. A usted le fascinan las fortalezas, tanto las que ve en sí mismo como las que ve en otros. Así como el buceador busca las mejores perlas en el océano, usted busca encontrar muestras indicadoras de una fortaleza; es decir, las que tienen un destello innato de excelencia, la capacidad de aprender rápidamente y una habilidad dominada sin necesidad de seguir un proceso delineado. Todo ello le indica que ha hallado un potencial sin desarrollar. Una vez que ha dado usted con tal potencial, se siente impulsado a nutrirlo, refinarlo y se esfuerza por llevarlo a la excelencia. Como el buceador, pule usted el potencial hallado hasta que brille como una perla. Los demás lo ven como una persona discriminadora debido a esta clasificación natural que usted hace de las fortalezas. Usted elige relacionarse con personas que aprecien sus fortalezas y por eso lo atraen las personas que han descubierto y cultivado sus propias fortalezas. Usted tiene la tendencia a evitar a aquellos que desean cambiarlo, a los que desean que sea un experto en todo, ya que no quiere pasar su vida lamentándose por sus falencias. Por el contrario, desea aprovechar los dones con los que ha sido bendecido, porque eso le resulta más divertido y productivo. A diferencia de lo que se piensa, esto requiere un mayor esfuerzo.

En las Escrituras, algunos pasajes que se refieren al talento Excelencia son:

Y como tienen abundancia de todo, de fe, elocuencia, conocimiento, fervor para todo, afecto a nosotros, tengan también abundancia de esta generosidad.
2 Corintios 8, 7

De todos los dones que reciban, reservarán un tributo para el SEÑOR. La mejor parte será la consagrada.
Números 18, 29

Pero los que esperan en el SEÑOR renuevan sus fuerzas,
  echan alas como águilas,
corren sin cansarse,
  marchan sin fatigarse.
Isaías 40, 31

Pasado mucho tiempo se presentó el señor de aquellos sirvientes para pedirles cuentas. Se acercó el que había recibido dos bolsas de oro y le presentó otras cinco diciendo: Señor, me diste cinco bolsas de oro; mira, he ganado otras cinco. Su señor le dijo: Muy bien, sirviente honrado y cumplidor; has sido fiel en lo poco, te pongo al frente de lo importante. Entra en la fiesta de tu señor.
Mateo 25, 19-21

Por eso te recuerdo que avives el don de Dios que recibiste por la imposición de mis manos.
2 Timoteo 1, 6

Para lograr una mejor comprensión de este talento, analice las cinco reflexiones que se ofrecen a continuación y elija las que mejor lo describen.

☐ Usted ve los talentos y las fortalezas en los demás, incluso a veces antes que ellos mismos.

☐ Le encanta ayudar a que otras personas se sientan estimuladas por el potencial de sus talentos naturales.

☐ Tiene la capacidad de ver en qué sobresalen las personas y en qué trabajos podrían destacarse. Es capaz de ver cómo se ajustan los talentos de las personas para completar las tareas que deben ser realizadas.

☐ Hay quienes quizá se sientan intimidados por su capacidad de percepción y su impulso hacia la excelencia. Estas personas tal vez podrían mantenerlo al margen de sus vidas, por lo que usted podría sentirse rechazado o desplazado.

☐ El talento Excelencia es muy valioso porque le permite concentrarse en los talentos para estimular la excelencia personal y grupal. Si un grupo o una organización apuntan a lograr la excelencia, es muy probable que alguno de sus miembros posea el talento Excelencia.

FLEXIBILIDAD

Usted vive el momento, no ve el futuro como un destino fijo, sino como un lugar que puede ir forjando a partir de las decisiones que toma a cada instante. Así, usted va descubriendo su futuro a partir de cada una de las opciones que se le presentan día a día. Esto no significa que no tenga planes; probablemente los tenga, pero este talento Flexibilidad le permite responder de buen grado a las demandas del momento aunque se aparten de sus planes originales. A diferencia de algunas personas, a usted no le molesta que le soliciten tareas repentinamente ni que haya desviaciones imprevistas. De hecho, espera que se den, ya que son inevitables. Y en cierto sentido, hasta las desea. En el fondo, es usted una persona que se adapta con facilidad y que puede seguir siendo productiva aun cuando las exigencias del trabajo la lleven en muchas direcciones distintas a la vez.

En las Escrituras, algunos pasajes que se refieren al talento Flexibilidad son:

Por eso, no se preocupen del mañana, que el mañana se ocupará de sí. A cada día le basta su problema.
Mateo 6, 34

Le traían niños para que los tocase, y los discípulos los reprendían. Jesús, al verlo, se enojó y dijo: "Dejen que los niños se acerquen a mí; no se lo impidan, porque el reino de Dios pertenece a los que son como ellos. Les aseguro, el que no reciba el reino de Dios como un niño, no entrará en él". Y los acariciaba y bendecía imponiendo las manos sobre ellos.
Marcos 10, 13-16

Cuando Jesús llegó al sitio, alzó la vista y le dijo: "Zaqueo, baja pronto, porque hoy tengo que hospedarme en tu casa". Bajó rápidamente y lo recibió muy contento. Al verlo, murmuraban todos porque entraba a hospedarse en

casa de un pecador. Pero Zaqueo se puso en pie y dijo al Señor: "Mira, Señor, la mitad de mis bienes se la doy a los pobres, y a quien haya defraudado le devolveré cuatro veces más". Jesús le dijo: "Hoy ha llegado la salvación a esta casa, ya que también él es hijo de Abrahán. Porque el Hijo del Hombre vino a buscar y salvar lo perdido".
Lucas 19, 5-10

Sé lo que es vivir en la pobreza y también en la abundancia. Estoy plenamente acostumbrado a todo, a la saciedad y el ayuno, a la abundancia y la escasez. Todo lo puedo en aquel que me da fuerzas.
Filipenses 4, 12-13

Para lograr una mejor comprensión de este talento, analice las cinco reflexiones que se ofrecen a continuación y elija las que mejor lo describen.

☐ Usted es capaz de cambiar de acuerdo con las exigencias de su entorno.

☐ Como vive el momento, se adapta a distintas situaciones a lo largo del día.

☐ Construye y descubre usted el futuro a partir de las decisiones que toma en el momento, de una en una.

☐ Para quienes prefieren las estructuras y la previsión, su tendencia a decidir sobre la marcha quizá sea sinónimo de irresponsabilidad.

☐ El talento Flexibilidad es muy valioso porque le permite seguir avanzando aunque ocurra algo inesperado. En un mundo incierto, donde aparentemente el trato es injusto y otros claudicarían, usted es capaz de seguir adelante. Le hace frente a todo, desde injusticias hasta situaciones críticas, y aun así encuentra la manera de progresar.

FUTURISTA

Si su talento es Futurista, usted es el tipo de persona a la que le encanta otear el horizonte. La frase: "¿No sería genial si...?" es recurrente en su vida. El futuro le fascina. Tal como si viera una proyección en la pared, usted observa en detalle lo que el futuro podría depararle. Esa imagen detallada lo hace avanzar, sumergiéndolo en el mañana. Si bien el contenido exacto de la imagen dependerá de sus otros talentos e intereses (un mejor producto o equipo de trabajo, una vida o un mundo mejor), esa proyección siempre será su objeto de inspiración. Es un soñador que tiene visiones de lo que podría ser y las atesora. Cuando el presente se muestra demasiado frustrante y la gente a su alrededor es demasiado pragmática, en su imaginación evoca visiones del futuro que lo llenan de energías. Estas visiones posiblemente también imparten energías a los demás. De hecho, muy a menudo las personas acudirán a usted para que les describa sus visiones del futuro. Desean ver una imagen que les abra la mente y, por consiguiente, les levante el ánimo. Usted puede brindarles esa imagen. Practique. Escoja sus palabras cuidadosamente y haga esa imagen lo más vívida posible. La gente querrá aferrarse a la esperanza que usted le dé.

En las Escrituras, algunos pasajes que se refieren al talento Futurista son:

Donde no hay profeta, el pueblo queda sin freno...
Proverbios 29, 18

Después derramaré
mi espíritu sobre todos:
sus hijos e hijas profetizarán,
sus ancianos tendrán sueños,
sus jóvenes verán visiones.
Joel 3, 1

José tuvo un sueño y se lo contó a sus hermanos, con lo cual a ellos les aumentó el rencor. Les dijo: "Escuchen lo que he soñado. Estábamos atando gavillas en el campo, de pronto mi gavilla se alzó y se tenía en pie mientras las gavillas de ustedes, formaban un círculo en torno a la mía y se postraban ante ella". Le contestaron sus hermanos: "¿Vas a ser nuestro rey? ¿Vas a ser tú nuestro señor?". Y les crecía el rencor por los sueños que les contaba.
Génesis 37, 5-8

Estimo que los sufrimientos del tiempo presente no se pueden comparar con la gloria que se ha de revelar en nosotros. La humanidad aguarda ansiosamente que se revelen los hijos de Dios. Ella fue sometida al fracaso, no voluntariamente, sino por imposición de otro; pero esta humanidad, tiene la esperanza de que será liberada de la esclavitud de la corrupción para obtener la gloriosa libertad de los hijos de Dios.
Romanos 8, 18-21

Yo conozco mis designios sobre ustedes: designios de prosperidad, no de desgracia, pues les daré un porvenir y una esperanza.
Jeremías 29, 11

Para lograr una mejor comprensión de este talento, analice las cinco reflexiones que se ofrecen a continuación y elija las que mejor lo describen.

☐ A usted le fascina el futuro y generalmente es optimista con respecto a él.

☐ Es capaz de ver en detalle lo que el futuro podría depararle.

☐ Al imaginar lo que podría pasar en el futuro, se llena de energías y se las transmite a los demás. Tiene la capacidad de ver claramente las posibilidades que se presentan.

☐ Hay quienes quizá lo tilden de soñador. Puede llegar a sentirse frustrado ante las circunstancias presentes y desalentado por las personas muy pragmáticas que no pueden o no quieren ver las posibilidades del futuro que usted ve con tanta claridad.

☐ El talento Futurista es muy valioso porque su visión tiene la capacidad de ampliar las observaciones de los demás y de ayudarlos a concentrar sus energías.

IDEAR

A usted le fascinan las ideas. ¿Qué es una idea? Una idea es un concepto, la mejor explicación para la mayoría de los sucesos. A usted le encanta descubrir dentro de lo complejo un concepto de elegante sencillez para explicar por qué las cosas son lo que son. Una idea es un vínculo y su mente siempre está buscando esos vínculos o relaciones. Le intriga cómo fenómenos aparentemente dispares pueden conectarse. Una idea es una perspectiva nueva sobre desafíos que le son familiares. Usted disfruta de darle un vuelco al mundo que todos conocemos, examinándolo desde un ángulo nuevo y desconocido. Lo seducen todas esas ideas porque son profundas, novedosas, esclarecedoras, contradictorias y osadas. Por todas estas razones, cada vez que se le ocurre una idea nueva, se carga de energía. Puede que lo consideren una persona con pensamiento creativo, original o ingenioso. Probablemente reúna todos estos tipos de pensamientos. ¿Quién puede estar seguro? Lo único de lo que usted está seguro es que sus ideas son fantásticas. Y por lo general, eso es más que suficiente.

En las Escrituras, algunos pasajes que se refieren al talento Idear son:

Miren, yo voy a crear un cielo nuevo
*   y una tierra nueva;*
de lo pasado no quedará recuerdo
*   ni se lo traerá a la memoria,*
más bien gócense y alégrense siempre
*   por lo que voy a crear;*
miren, voy a transformar a Jerusalén en alegría
*   y a su población en gozo.*
Isaías 65, 17-18

No se acomoden a este mundo, por el contrario transfórmense interiormente con una mentalidad nueva, para discernir la voluntad de Dios, lo que es bueno y aceptable y perfecto.
Romanos 12, 2

Eres digno, Señor Dios nuestro,
*   de recibir la gloria, el honor y el poder,*
porque creaste el universo
*   y por tu voluntad fue creado y existió.*
Apocalipsis 4, 11

Para lograr una mejor comprensión de este talento, analice las cinco reflexiones que se ofrecen a continuación y elija las que mejor lo describen.

☐ Usted es una persona creativa que aprecia la originalidad.

☐ Le gusta participar en experiencias que estimulen el pensamiento libre, como sesiones de intercambio de ideas y grupos de debate.

☐ Le encantan las ideas y los conceptos nuevos.

☐ Por momentos, parece perderse en el mundo de las ideas y otras personas pueden pensar que está "en Babia".

☐ El talento Idear es muy valioso porque le permite buscar nuevas conexiones y generar nuevos razonamientos cuando algo no tiene sentido. Tiene la capacidad de ayudar a que los demás cambien radicalmente su visión del mundo.

INCLUSIÓN

"Ampliar el círculo". Esta es la filosofía en torno a la cual usted orienta su vida: la de incluir a todas las personas y hacer que se sientan parte del grupo. En el polo opuesto están aquellos que tienen la tendencia a formar grupos exclusivos; filosofía con la cual usted no comulga y por lo cual intencionalmente evita a estos grupos que excluyen a otros. Usted desea ampliar el grupo de tal manera que el mayor número de personas resulte beneficiado. Detesta ver a alguien mirando desde fuera, por lo que siente el impulso de atraerlo para que se sienta aceptado y acogido. Es natural para usted aceptar a los demás, independientemente de su raza, sexo, nacionalidad, personalidad o creencias. Los prejuicios hieren los sentimientos de las personas. ¿Por qué hacerlo si no hay necesidad? Su tendencia natural de aceptar a las personas puede no basarse en percibir que existen diferencias y que deben ser respetadas. Más bien, se basa en la convicción de que todos somos fundamentalmente semejantes. Cada uno es igualmente importante y especial, por lo que nadie merece ser ignorado. Todos debemos ser incluidos. Es lo mínimo que merecemos.

En las Escrituras, algunos pasajes que se refieren al talento Inclusión son:

Ya no se distinguen judío y griego, esclavo y libre, hombre y mujer, porque todos ustedes son uno con Cristo Jesús.
Gálatas 3, 28

Tanto amó Dios al mundo, que entregó a su Hijo único, para que quien crea en él no muera, sino tenga vida eterna.
Juan 3, 16

Si te consideras compañero mío, recíbelo como a mí.
Filemón 17

Por tanto, acójanse unos a otros, como Cristo los acogió para gloria de Dios.
Romanos 15, 7

Para lograr una mejor comprensión de este talento, analice las cinco reflexiones que se ofrecen a continuación y elija las que mejor lo describen.

☐ Usted repara en la gente que se siente excluida o desvalorada.

☐ No le agrada que nadie se sienta desplazado, por eso trata de incluir a todos.

☐ Las personas perciben que usted las acepta y desea incluirlas.

☐ En ocasiones, es posible que las mismas personas que usted intenta incluir lo rechacen. Quizá tenga que enfrentar sus propios miedos al tratar de incluir a los mismos que lo rechazan. Tal vez deba confrontar a quienes malinterpretan su forma de actuar, pero no hacen nada para incluir a aquellos que se sienten desplazados.

☐ El talento Inclusión es muy valioso porque le permite ayudar a que las personas, grupos, organizaciones y comunidades funcionen como equipo y con eficacia. Las personas que se han sentido rechazadas, agradecerán sus esfuerzos.

INDIVIDUALIZAR

Por su talento Individualizar, a usted le fascina encontrar las cualidades únicas de cada persona. Se impacienta con las generalizaciones o la tipificación de las personas. En su opinión, estas cosas oscurecen lo que hay de especial y único en cada individuo. Por lo mismo, presta mucha atención a las diferencias que existen entre las personas. Instintivamente observa en cada uno su estilo, su motivación y el modo particular en que piensa y establece relaciones. Gracias a este talento, usted es capaz de escuchar las experiencias únicas de la vida de cada persona. Por eso, sabe elegir el regalo de cumpleaños ideal, sabe si una persona prefiere que la elogien en público o en privado y sabe adaptar su estilo didáctico a las necesidades particulares de cada cual. Siendo un agudo observador de las fortalezas de los demás, sabe cómo obtener lo mejor de ellos. Su talento Individualizar lo ayuda a crear equipos productivos. Mientras algunos buscan la "estructura" o el "proceso" perfecto para formar un equipo, usted sabe instintivamente que el secreto de los mejores equipos es la distribución de funciones de acuerdo con las fortalezas particulares. De esta forma, cada uno podrá dedicarse más y más a aquello que mejor hace.

En las Escrituras, algunos pasajes que se refieren al talento Individualizar son:

En cuanto a ustedes hasta los pelos de su cabeza están todos contados. No tengan miedo, que ustedes valen más que muchos gorriones.
Lucas 12, 7

Señor, tú me sondeas y me conoces.
Sabes cuando me siento o me levanto,
de lejos percibes mis pensamientos;
disciernes mi camino y mi descanso,
todas mis sendas te son familiares.
Salmos 139, 1-3

Pero el Señor le dijo: "No te fijes en las apariencias ni en su buena estatura. Lo rechazo. Porque Dios no ve como los hombres, que ven la apariencia. El Señor ve el corazón".
1 Samuel 16, 7

Y llamando a sus doce discípulos, les dio poder sobre los espíritus inmundos, para expulsarlos y para sanar toda clase de enfermedades y dolencias. Éstos son los nombres de los doce apóstoles: primero Simón, de sobrenombre Pedro, y Andrés su hermano; Santiago de Zebedeo y su hermano Juan; Felipe y Bartolomé; Tomás y Mateo, el recaudador de impuestos; Santiago de Alfeo y Tadeo; Simón el cananeo y Judas Iscariote, el que también le traicionó.
Mateo 10, 1-4

Para lograr una mejor comprensión de este talento, analice las cinco reflexiones que se ofrecen a continuación y elija las que mejor lo describen.

- ☐ Usted distingue la individualidad y singularidad de cada persona.

- ☐ Es capaz de notar que personas muy distintas entre sí pueden trabajar en equipo.

- ☐ Tiene la capacidad de ver los talentos de las personas y construir equipos de trabajo productivos en función de esos talentos.

- ☐ Por su capacidad para distinguir las características específicas de cada persona, relacionarse con los demás a veces puede resultarle agobiante y agotador.

- ☐ El talento Individualizar es muy valioso porque le permite construir relaciones poderosas con los demás. Las personas saben que usted le da mucha importancia a cada individuo y que puede apreciar su singularidad. Esta característica es muy valiosa para mucha gente, ya que aporta confianza e intensidad a las relaciones.

INICIADOR

"¿Cuándo empezamos?". Esta es una pregunta recurrente en su vida, ya que usted siempre está impaciente por actuar. Tal vez llegue a aceptar que el análisis tiene su utilidad o que el debate y la discusión algunas veces pueden aportar ideas valiosas, pero dentro de su ser sabe que sólo la acción es real. Sólo la acción puede hacer que las cosas sucedan. Sólo la acción produce resultados. Una vez que se ha tomado una decisión, usted no puede dejar de actuar. Aunque otras personas se preocupen y piensen que todavía no cuentan con toda la información necesaria, esto a usted lo tiene sin cuidado. Si se ha decidido cruzar la ciudad, usted sabe que la forma más rápida de conseguirlo es yendo de semáforo en semáforo. Usted no es del tipo de personas que va a quedarse de brazos cruzados a esperar a que todas las luces se pongan en verde. De hecho, en su opinión, la acción y el pensamiento no se oponen. En realidad, guiado por su talento Iniciador, usted cree que la acción es el mejor recurso de aprendizaje. Usted toma una decisión, la implementa, observa el resultado y aprende. Ese aprendizaje lo guiará en todas sus acciones posteriores. ¿Cómo se puede crecer si no se tiene algo ante lo cual reaccionar? A su juicio, no se puede. A pesar del riesgo, debe continuar en movimiento y dar el siguiente paso. Es la única forma en que podría mantener su mente ágil e informada. En resumidas cuentas, usted sabe que será juzgado no por lo que diga o piense, sino por lo que haga. Pero esto no lo asusta, sino que, por el contrario, lo complace.

En las Escrituras, algunos pasajes que se refieren al talento Iniciador son:

Pero no basta con oír el mensaje hay que ponerlo en práctica, de lo contrario se estarían engañando a ustedes mismos. Porque si uno es oyente del mensaje y no lo practica, se parece a aquel que se miraba la cara en el espejo.
Santiago 1, 22-23

Tanto mirar los vientos, que no se siembra;
tanto mirar las nubes, que no se cosecha.
Así como no sabes cómo el aliento de vida
entra a los miembros en el seno de la mujer embarazada,
tampoco puedes entender las obras de Dios,
que lo hace todo.
De mañana siembra tu semilla
y no dejes que los brazos descansen hasta la tarde,
porque no sabes cuál de las dos siembras resultará
o si las dos tendrán igual éxito.
Eclesiastés 11, 4-6

Serán felices si sabiendo estas cosas las cumplen.
Juan 13, 17

Para lograr una mejor comprensión de este talento, analice las cinco reflexiones que se ofrecen a continuación y elija las que mejor lo describen.

☐ A usted no le cuesta imaginar cómo llevar las ideas a la práctica.

☐ Quiere hacer ahora las cosas, en vez de hablar sobre ellas.

☐ Usted puede ser muy poderoso en lograr que sucedan las cosas y cómo hacer para que otros se decidan a actuar.

☐ Hay quienes quizá lo critiquen por ser impaciente y porque sienten que usted "los atropella". Es probable que tenga que lidiar con gente que quiera apaciguarlo.

☐ El talento Iniciador es muy valioso porque genera la energía necesaria para poner las cosas en marcha y hacerlas. A la hora de solucionar un problema, este talento ofrece un enfoque creativo e innovador.

INQUISITIVO

Por su talento Inquisitivo a usted le gusta coleccionar una diversidad de cosas. Es posible que coleccione información, como palabras, hechos, libros y citas. Tal vez coleccione objetos tangibles, como mariposas, antigüedades, autos de colección, estampillas o camisetas de equipos de fútbol. Pero más allá de lo que sea que coleccione, lo hace porque le interesa. Por su mentalidad, muchas cosas le resultan interesantes. El mundo le resulta emocionante precisamente por su variedad y complejidad infinitas. Si lee mucho, no es necesariamente para refinar sus teorías, sino más bien para agregar información a sus archivos. Si le gusta viajar es porque cada lugar le ofrece objetos, situaciones y hechos nuevos que usted adquiere y luego atesora. ¿Por qué vale la pena guardarlos? En ese momento, suele ser difícil decir exactamente cuándo o por qué podría necesitarlos, pero usted se dice a sí mismo que uno nunca sabe cuándo podrían ser útiles. Teniendo en cuenta todos los posibles usos, a usted no le agrada en lo más mínimo desechar cosas, de manera que sigue adquiriendo, acumulando y guardando objetos e ideas. Es algo que le resulta interesante, le mantiene la mente actualizada y un día tal vez algunas de esas cosas e ideas demuestren su valor.

En las Escrituras, algunos pasajes que se refieren al talento Inquisitivo son:

Quedan otras muchas cosas que hizo Jesús. Si quisiéramos escribirlas una por una, pienso que los libros escritos no cabrían en el mundo.
Juan 21, 25

Cuando vengas, tráeme la capa que dejé en Tróade en casa de Carpo, también los libros y, especialmente, todos los pergaminos.
2 Timoteo 4, 13

Hijo mío, si aceptas mis palabras
y conservas mis mandatos,
escuchando a la sabiduría
y prestando atención a la prudencia;
si invocas a la inteligencia
y llamas a la prudencia;
si la procuras como el dinero
y la buscas como un tesoro,

entonces comprenderás el respeto del SEÑOR
y alcanzarás el conocimiento de Dios.
Porque es el SEÑOR quien da la sabiduría,
de su boca proceden saber e inteligencia.
Proverbios 2, 1-6

Para lograr una mejor comprensión de este talento, analice las cinco reflexiones que se ofrecen a continuación y elija las que mejor lo describen.

☐ Usted siempre quiere saber más. Es una persona ávida de información.

☐ Le gusta coleccionar ideas, libros, objetos de interés, citas y hechos, entre otras cosas.

☐ Su curiosidad es sumamente activa, por lo que le interesan muchas cosas.

☐ A veces le resulta difícil empezar una tarea o completar un proyecto porque siente que no posee suficiente información. Una vez que da rienda suelta a su curiosidad, puede pasar horas en la biblioteca o navegando por Internet y a veces le resulta difícil almacenar toda la información o las ideas que adquiere.

☐ El talento Inquisitivo es muy valioso porque le permite mantener su mente activa y le aporta conocimientos. Es probable que usted se convierta en experto en más de un área de conocimiento.

INTELECTUAL

A usted le gusta pensar, disfruta de la actividad y del ejercicio mental, en múltiples direcciones. Es posible que su necesidad de actividad mental esté enfocada hacia algo específico, como tratar de resolver un problema, desarrollar una idea o comprender los sentimientos de otras personas. El enfoque de su pensamiento dependerá de sus otros talentos e intereses. También es muy posible que esa actividad mental carezca de un enfoque específico. El talento Intelectual no define el objeto de su pensamiento: simplemente describe que a usted le gusta pensar. Usted es una persona introspectiva y por lo tanto disfruta de la soledad, que le permite dedicarle tiempo a la meditación y la reflexión. En cierto sentido, usted mismo es su mejor compañía, ya que constantemente se hace preguntas e intenta encontrar sus propias respuestas y autoevaluarlas. Esa introspección podría causarle una sensación de descontento cuando compara lo que realmente está haciendo con todos los pensamientos e ideas que concibe o bien podría estar dirigida a asuntos más pragmáticos, como los acontecimientos del día o alguna llamada o cita pendiente. Donde sea que esta actividad mental lo conduzca, siempre será una constante en su vida.

En las Escrituras, algunos pasajes que se refieren al talento Intelectual son:

Luego de tres días lo encontraron en el templo, sentado en medio de los doctores de la ley, escuchándolos y haciéndoles preguntas. Y todos los que lo oían estaban maravillados ante su inteligencia y sus respuestas.
Lucas 2, 46-47

En la sinagoga discutía con judíos y con los que temen a Dios; en la plaza pública hablaba a los que pasaban por allí. Algunos de las escuelas filosóficas de epicúreos y estoicos entablaban conversación con él; otros

comentaban: "¿Qué querrá decir este charlatán?". Otros decían: "Parece un propagandista de divinidades extranjeras". Porque anunciaba a Jesús y la resurrección.
Hechos 17, 17-18

Le respondió: "Amarás al Señor tu Dios con todo tu corazón, con toda tu alma, y con toda tu mente".
Mateo 22, 37

Por lo tanto, tengan listo su espíritu, vivan sobriamente y confiadamente esa gracia que se les concederá cuando se revele Jesucristo.
1 Pedro 1, 13

Para lograr una mejor comprensión de este talento, analice las cinco reflexiones que se ofrecen a continuación y elija las que mejor lo describen.

☐ A usted le encanta estudiar y participar en diálogos intelectuales.

☐ Le gusta pensar y dejar que sus ideas se disparen en distintas direcciones.

☐ Le gusta pasar un tiempo a solas para poder reflexionar y analizar distintas situaciones.

☐ Cuando sabe que tiene muchas cosas para pensar y analizar cuidadosa y exhaustivamente, puede llegar a sentirse desanimado.

☐ El talento Intelectual es muy valioso porque le permite descubrir ideas y soluciones innovadoras.

MANDO

Si su talento es Mando, usted se hace cargo de las cosas. A diferencia de algunas personas, a usted no le mortifica imponer sus opiniones sobre los demás. Por el contrario, una vez que tiene una opinión, le es indispensable comunicarla. Al fijarse una meta, no descansa hasta lograr que los demás se comprometan con ella. No teme los enfrentamientos, porque considera que son el primer paso para llegar a un acuerdo. Mientras otros evitan hablar de las situaciones desagradables, usted siente la necesidad imperiosa de presentar los "hechos" y la "verdad" sin importar cuán desagradables sean. Necesita que las cosas estén claras entre las personas, por lo cual les exige que sean honestas y directas. Gracias al talento Mando, usted impulsa a otros a tomar riesgos y podría incluso intimidarlos. Si bien es posible que algunos se resientan con esto y lo califiquen de obstinado, a menudo le entregarán voluntariamente las riendas de la situación. La gente se siente atraída por aquellas personas que adoptan una postura firme, toman una dirección y hacen que los demás las sigan. Por esta razón, muchas personas buscarán su compañía. Usted tiene presencia, tiene Mando.

En las Escrituras, algunos pasajes que se refieren al talento Mando son:

Se hizo un látigo de cuerdas y expulsó a todos del templo, ovejas y bueyes; esparció las monedas de los que cambiaban dinero y volcó las mesas; a los que vendían palomas les dijo: "Saquen eso de aquí y no conviertan la casa de mi Padre en un mercado". Los discípulos se acordaron de aquel texto: El celo por tu casa me devora.
Juan 2, 15-17

Por lo tanto, eliminen la mentira, y díganse la verdad unos a otros, *ya que todos somos miembros del mismo cuerpo.*
Efesios 4, 25

126

David dijo a Saúl: "Majestad, nadie debe desanimarse por culpa de ese filisteo. Este servidor tuyo irá a luchar con ese filisteo". Pero Saúl respondió: "No podrás acercarte a ese filisteo para luchar con él, porque eres un muchacho, y él es un guerrero desde joven". David le replicó: "Tu servidor es pastor de las ovejas de mi padre, y si viene un león o un oso y se lleva una oveja del rebaño, salgo tras él, lo apaleo y se la quito de la boca, y si me ataca, lo agarro por la melena y lo golpeo hasta matarlo. Tu servidor ha matado leones y osos; ese filisteo incircunciso será uno más, porque ha desafiado a las huestes del Dios vivo". Y añadió: "El Señor, que me ha librado de las garras del león y de las garras del oso, me librará de las manos de ese filisteo". Entonces Saúl le dijo: "Ve y que el Señor esté contigo".
1 Samuel 17, 32-37

Para lograr una mejor comprensión de este talento, analice las cinco reflexiones que se ofrecen a continuación y elija las que mejor lo describen.

☐ Usted se da cuenta de lo que es necesario hacer y está dispuesto a decirlo.

☐ Usted está dispuesto a participar en discusiones o enfrentamientos, porque sabe que prevalecerá lo correcto y que por lo general los enfrentamientos ayudan a poner las cosas en marcha.

☐ Es capaz de meterse de lleno en una situación de conflicto, crisis o emergencia y hacerse cargo de la situación.

☐ Hay quienes quizá se sientan amenazados, ofendidos o molestos por el poder que usted ejerce, pero la mayoría de esas personas desearía tener un poco de su talento Mando.

☐ El talento Mando es muy valioso porque le permite tener un impacto positivo en los demás. Gracias a este talento, usted puede ayudar a que las personas, y hasta organizaciones enteras, salgan airosas de situaciones difíciles y realicen modificaciones sustanciales en pleno caos.

ORGANIZADOR

Usted es como un malabarista. Cuando se enfrenta a una situación compleja en la que hay en juego numerosos factores, a usted le encanta mantener todos esos factores en el aire, alineándolos y realineándolos, hasta estar seguro de haberlos organizado en el orden más productivo posible. En su opinión, lo que hace no tiene nada de especial. Usted simplemente trata de calcular cuál es la mejor manera de hacer las cosas. Quienes no tienen este talento se quedarán asombrados ante su gran capacidad para hacer malabares. Le preguntarán: "¿Cómo puedes pensar en tantas cosas a la vez?". "¿Cómo puedes ser tan flexible y dejar de lado planes bien formulados para reemplazarlos por otros que apenas se te acaban de ocurrir?". Sin embargo, usted no se imagina actuando de otra manera. Usted es un excelente ejemplo de adaptabilidad eficaz: es perfectamente capaz de cambiar horarios de viaje a último momento porque de improviso obtuvo mejores precios o surgió una mejor conexión, o de reflexionar sobre la mejor manera de combinar personas y recursos para llevar a cabo un nuevo proyecto. Desde lo cotidiano hasta lo complejo, usted siempre busca la configuración perfecta. Por supuesto, en situaciones cambiantes es cuando mejor se desempeña usted. Ante un hecho inesperado, hay quienes se quejan de que los planes —instrumentados con tanto esmero— no se pueden cambiar, otros se refugian en las normas o procedimientos existentes. Pero a diferencia de ambos, usted no hace ni lo uno ni lo otro, sino que se sumerge directamente en la confusión, busca nuevos caminos que presenten el menor número de obstáculos, concibe nuevas opciones, descubre nuevas relaciones y constantemente hace malabares, porque está convencido de que siempre puede haber un camino mejor.

En las Escrituras, algunos pasajes que se refieren al talento Organizador son:

Fracasan los planes cuando no se consulta,
y se logran cuando hay consejeros.
Proverbios 15, 22

¿Qué es el hombre para que te acuerdes de él,
el ser humano para que te ocupes de él?
Lo hiciste apenas inferior a un dios,
lo coronaste de gloria y esplendor,
le diste poder sobre las obras de tus manos;
todo lo pusiste bajo sus pies.
Salmos 8, 5-7

Para lograr una mejor comprensión de este talento, analice las cinco reflexiones que se ofrecen a continuación y elija las que mejor lo describen.

☐ Usted es extremadamente organizado y se adapta con mucha facilidad.

☐ Es capaz de concretar muchos proyectos aunque tenga varios entre manos al mismo tiempo.

☐ Se siente a gusto al coordinar todos los factores complejos que contribuyen a que un proyecto tenga éxito.

☐ Es probable que quienes gustan de las reglas y los procedimientos piensen que sus métodos son caóticos. Para ellos, su eficacia es un misterio o una cuestión de suerte.

☐ El talento Organizador es muy valioso porque lo incita a buscar las combinaciones de personas y recursos adecuadas para llevar a cabo los proyectos con éxito.

POSITIVO

Usted es muy generoso para dar elogios, siempre está sonriente y siempre trata de ver el lado bueno de una situación. Algunos piensan que no tiene preocupaciones y otros desearían ser tan optimistas como usted. Cualquiera que sea la opinión, la gente busca su compañía, porque su entusiasmo es contagioso y hace que el mundo se vea mejor. Las personas que carecen de su energía y optimismo pueden sentir que su mundo es aburrido o, peor aún, cargado de presiones. Con su talento Positivo usted parece encontrar la forma de mejorar el ánimo de otras personas inyectando energía en cada proyecto, celebrando cada logro y buscando formas de hacer que todo sea más emocionante y tenga mayor vitalidad. Es posible que algunos escépticos rechacen su energía, pero rara vez lograrán desalentarlo, porque su talento Positivo no lo permitirá. Usted tiene la convicción de que la vida es una bendición, que el trabajo puede ser entretenido y que, independientemente de los obstáculos que haya en el camino, uno nunca debe perder el sentido del humor.

En las Escrituras, algunos pasajes que se refieren al talento Positivo son:

Corazón alegre favorece la sanación,
ánimo abatido seca los huesos.
Proverbios 17, 22

Por último, hermanos, ocúpense de cuanto es verdadero y noble, justo y puro, amable y loable, de toda virtud y todo valor.
Filipenses 4, 8

Estén siempre alegres, oren sin cesar, den gracias por todo. Eso es lo que quiere Dios de ustedes como cristianos.
1 Tesalonicenses 5, 16-18

Después añadió: "Ya pueden retirarse, coman bien, beban vinos generosos y envíen porciones a los que no tienen nada, porque hoy es día consagrado a nuestro DIOS. No ayunen, que al SEÑOR le gusta que estén fuertes".
Nehemías 8, 10

Había que hacer fiesta porque este hermano tuyo estaba muerto y ha revivido, se había perdido y ha sido encontrado.
Lucas 15, 32

Para lograr una mejor comprensión de este talento, analice las cinco reflexiones que se ofrecen a continuación y elija las que mejor lo describen.

☐ Usted les brinda entusiasmo a las personas, grupos y organizaciones.

☐ Puede estimular a las personas a que sean más productivas y optimistas.

☐ Puede despertar el entusiasmo en ellas con respecto a sus actividades, por lo cual se vuelven más productivas.

☐ Hay quienes quizá lo critiquen por ser tan optimista. Puede que lo tilden de ingenuo y eso le puede generar dudas sobre usted mismo.

☐ El talento Positivo es muy valioso porque influye de forma muy positiva en las actitudes, la motivación y la productividad de los demás. Gracias a usted, tanto grupos como personas se sienten estimulados a lograr la excelencia.

131

PRUDENTE

Usted es cuidadoso y está siempre alerta. Es una persona bastante reservada que sabe que la Tierra es un lugar imprevisible. Es posible que todo parezca estar en orden, pero usted percibe los numerosos riesgos que yacen ocultos. En lugar de ignorar esos riesgos, los saca a la luz uno a uno para poder identificarlos, evaluarlos y finalmente minimizarlos. Usted es una persona seria que enfrenta la vida con cierta reserva. Por ejemplo, le gusta planificar con tiempo para anticipar lo que puede salir mal. Selecciona a sus amigos cuidadosamente y se reserva su opinión cuando la conversación se desvía hacia asuntos personales. Cuida de no hacer muchos elogios u otorgar reconocimientos para no ser malinterpretado. El no caerles bien a algunas personas por su falta de efusividad lo tiene sin cuidado, ya que en su opinión la vida no es un concurso de popularidad. La vida se parece a un campo minado: otros pueden correr a través de él descuidadamente si así lo desean, pero usted tiene un enfoque diferente. Identifica los peligros, sopesa las consecuencias relativas y da cada paso con prudencia. Usted camina con cautela.

En las Escrituras, algunos pasajes que se refieren al talento Prudente son:

Por lo tanto cuiden mucho su comportamiento, no obren como necios, sino como personas sensatas, que saben aprovechar bien el momento presente porque corren tiempos malos.
Efesios 5, 15-16

Hermanos míos queridos, ya están instruidos. Con todo, que cada uno sea veloz para escuchar, lento para hablar, y para enojarse. Porque la ira del hombre no realiza la justicia de Dios.
Santiago 1, 19-20

Si uno de ustedes pretende construir una torre, ¿no se sienta primero a calcular los gastos, a ver si tiene para terminarla? No suceda que, habiendo echado

los cimientos y no pudiendo completarla, todos los que miran se pongan a burlarse de él diciendo: éste empezó a construir y no puede concluir.
Lucas 14, 28-30

Para lograr una mejor comprensión de este talento, analice las cinco reflexiones que se ofrecen a continuación y elija las que mejor lo describen.

☐ Usted evalúa con mucho cuidado las opciones que se le presentan, pensando en los pros y los contras de cada alternativa.

☐ Para usted, lo más importante es tomar la decisión correcta y no el tiempo que demore en hacerlo.

☐ Usted toma decisiones muy buenas. Es más: prácticamente no cambiaría ninguna de sus elecciones o decisiones.

☐ El hecho de tomarse mucho tiempo y ser muy cuidadoso a la hora de decidir algo puede resultar agotador para usted y para los demás. Siempre tiene en cuenta los riesgos y lo que puede salir mal. Por eso, hay quienes equivocadamente podrían tildarlo de pesimista. Hasta podrían acusarlo falsamente de ser poco inteligente cuando en realidad usted está haciendo un análisis profundo de la situación.

☐ El talento Prudente es muy valioso porque el considerar cada opción minuciosamente le permite reducir la cantidad de errores o sencillamente eliminarlos. Esto puede dilatar el proceso de toma de decisiones, pero los resultados bien valen la pena.

RELACIÓN

Su talento Relación describe su actitud hacia las relaciones; es decir, lo acerca a la gente que ya conoce. No necesariamente rehúye de oportunidades para conocer gente nueva; de hecho, es posible que la combinación de este talento con otros lo ayude a expandir su círculo de amistades. Pero primordialmente, usted obtiene placer y se fortalece al estar con sus amigos más cercanos. Se siente a gusto en situaciones de intimidad. La intimidad no lo incomoda. Es más: una vez establecido el contacto inicial, trata deliberadamente de profundizar esa relación. Para usted la amistad debe ser recíproca, quiere conocer bien a sus amigos y que ellos lo conozcan bien a usted. Desea compartir sentimientos, objetivos, temores y sueños. Usted sabe que ese tipo de cercanía implica cierto grado de riesgo: pueden aprovecharse de usted, pero está dispuesto a arriesgarse, ya que para usted el confiar en la otra persona es indispensable para lograr una amistad genuina. Cuanto más compartan entre sí, más riegos correrán juntos. Cuanto más se arriesgan juntos, más podrán demostrar que su afecto es genuino. En su opinión, esos son los pasos hacia una verdadera amistad y usted los acepta sin reservas.

En las Escrituras, algunos pasajes que se refieren al talento Relación son:

Hay compañeros que se maltratan
y amigos más unidos que un hermano.
Proverbios 18, 24

Mejor dos juntos que uno solo: tendrá buena paga su fatiga. Si uno cae,
lo levanta su compañero. Pobre del solo si cae: no tiene quien lo levante.
Más aún: si se acuestan juntos, se calientan; uno solo, ¿cómo se calentará?

Si a uno solo lo dominan, dos juntos resistirán: la cuerda triple no se rompe fácilmente.
Eclesiastés 4, 9-12

Delante de su hijo Jonatán y de sus ministros, Saúl habló de matar a David. Jonatán, hijo de Saúl, quería mucho a David, y le avisó: "Mi padre, Saúl, te busca para matarte. Ten mucho cuidado mañana por la mañana; escóndete en un sitio seguro. Yo saldré y me quedaré junto con mi padre en el campo donde tú estés; le hablaré de ti, y si saco algo en limpio, te lo comunicaré. [...] no se borre el nombre de Jonatán en la casa de David. ¡Que el SEÑOR pida cuenta de esto a los enemigos de David!". Jonatán hizo jurar también a David por la amistad que le tenía, porque lo quería con toda el alma...
1 Samuel 19, 1-3; 20, 16-17

Para lograr una mejor comprensión de este talento, analice las cinco reflexiones que se ofrecen a continuación y elija las que mejor lo describen.

☐ Usted puede forjar relaciones estrechas con las personas y le agrada hacerlo.

☐ Siente una gran satisfacción al esforzarse junto con sus amigos para lograr un objetivo importante.

☐ Conoce a mucha gente y puede relacionarse con toda clase de personas. Pero también tiene un reducido grupo de amigos con quienes comparte una relación muy profunda.

☐ Hay quienes quizá se sientan amenazados o incómodos porque no pueden llegar a tener la clase de relación cercana e intensa con la que usted logra prosperar.

☐ El talento Relación es muy valioso para las organizaciones, los grupos y las personas porque fomenta las relaciones interpersonales que llevan a la productividad.

RESPONSABILIDAD

Su talento Responsabilidad lo obliga a asumir un compromiso psicológico con todo lo que promete. Una vez que asume un compromiso, sea grande o pequeño, se siente usted moralmente obligado y no cesa en su empeño hasta cumplir la tarea. Su reputación depende de ello. Si por alguna razón no puede cumplir, automáticamente comienza a buscar formas de compensar a la otra persona, ya que las disculpas, excusas y/o explicaciones son inaceptables e insuficientes. No estará tranquilo consigo mismo hasta que no haya hecho la debida restitución. Esta conciencia, esta actitud casi obsesiva por hacer las cosas bien y su ética impecable se combinan para crear una reputación que es totalmente confiable. Cuando se asignen nuevas responsabilidades, las personas se fijarán primero en usted porque saben que cumplirá con lo que se le asigne. Cuando acudan a usted para pedir ayuda, deberá ser selectivo, ya que su buena predisposición de ofrecerse como voluntario podría llevarlo a veces a asumir más compromisos de lo debido.

En las Escrituras, algunos pasajes que se refieren al talento Responsabilidad son:

Entonces los ministros y los gobernadores buscaron algo de qué acusarle en su administración del reino; pero no le encontraron ninguna culpa ni descuido, porque era hombre de fiar que no cometía errores ni era negligente.
Daniel 6, 5

Mejor es buena fama que riquezas,
    más vale simpatía que oro y plata.
Proverbios 22, 1

No todo el que me diga: ¡Señor, Señor!, entrará en el reino de los cielos, sino el que haga la voluntad de mi Padre del cielo.
Mateo 7, 21

Entonces el rey dirá a los de la derecha: Vengan, benditos de mi Padre, a recibir el reino preparado para ustedes desde la creación del mundo. Porque tuve hambre y me dieron de comer, tuve sed y me dieron de beber, era emigrante y me recibieron, estaba desnudo y me vistieron, estaba enfermo y me visitaron, estaba encarcelado y me vinieron a ver. Los justos le responderán: Señor, ¿cuándo te vimos hambriento y te alimentamos, sediento y te dimos de beber, emigrante y te recibimos, desnudo y te vestimos? ¿Cuándo te vimos enfermo o encarcelado y fuimos a visitarte? El rey les contestará: Les aseguro que lo que hayan hecho a uno solo de éstos, mis hermanos menores, me lo hicieron a mí.
Mateo 25, 34-40

Para lograr una mejor comprensión de este talento, analice las cinco reflexiones que se ofrecen a continuación y elija las que mejor lo describen.

☐ Usted es una persona confiable y la gente sabe que puede contar con usted.

☐ No quiere desilusionar a nadie y se esforzará muchísimo para cumplir con su palabra y llevar a cabo sus responsabilidades.

☐ Tiene una gran cantidad de obligaciones y compromisos porque mucha gente sabe que es una persona de fiar. Por esta razón, muchos buscan su ayuda.

☐ A veces se siente agobiado y presionado debido a la responsabilidad que siente hacia las personas que acuden a usted y las exigencias de cada uno de ellos.

☐ El talento Responsabilidad es muy valioso porque le permite ganarse la confianza de otras personas y lograr que ellas sean, a su vez, más responsables. Usted puede ser un ejemplo a seguir más que lo que cree.

RESTAURADOR

A usted le encanta resolver problemas. Mientras que algunas personas se desalientan cuando enfrentan un contratiempo, a usted esa situación lo puede llenar de energía. Lo entusiasma el desafío de analizar los síntomas, identificar lo que está mal y encontrar la solución. Estos problemas pueden ser prácticos, conceptuales o personales. También pueden ser problemas concretos que ya haya enfrentado varias veces y ante los que tiene la confianza de poder resolver. Tal vez se apasione cuando se enfrenta a problemas complejos y desconocidos. Sea cual sea la situación, su preferencia estará determinada por sus otros talentos y experiencias. No obstante, lo cierto es que disfruta de hacer que las cosas vuelvan a cobrar vida. Para usted es un sentimiento maravilloso el identificar los factores adversos, erradicarlos y así restaurar las cosas y volver a llevarlas a su punto máximo. Intuitivamente, sabe que sin su intervención esas cosas (sean máquinas, técnicas, empresas o personas) probablemente hubieran dejado de funcionar. Usted las compuso y les dio nueva vida; en otras palabras: las salvó.

En las Escrituras, algunos pasajes que se refieren al talento Restaurador son:

Leví le ofreció un gran banquete en su casa. Había un gran número de recaudadores de impuestos y otras personas sentados a la mesa con ellos. Los fariseos y letrados murmuraban y preguntaban a los discípulos: "¿Cómo es que comen y beben con recaudadores de impuestos y pecadores?". Jesús les replicó: "No tienen necesidad del médico los que tienen buena salud, sino los enfermos. No vine a llamar a justos, sino a pecadores para que se arrepientan".
Lucas 5, 29-32

Hermanos, si alguien es sorprendido en alguna falta, ustedes, que están animados por el Espíritu, corríjanlo con modestia. Piensa que también tú puedes ser tentado.
Gálatas 6, 1

El Señor es mi pastor,
nada me falta.
En verdes praderas me hace reposar,
me conduce a fuentes tranquilas
y recrea mis fuerzas.
Salmos 23, 1-3

Para lograr una mejor comprensión de este talento, analice las cinco reflexiones que se ofrecen a continuación y elija las que mejor lo describen.

☐ Usted se embarca con facilidad en proyectos que otras personas desechan de entrada.

☐ Puede analizar una situación e identificar sus posibles deficiencias y los problemas a resolver.

☐ Reconoce rápidamente los problemas que otros ni siquiera detectan.

☐ A algunas personas quizá no les guste el hecho de que usted puede detectar rápidamente los problemas y debilidades, ya sea en personas, situaciones u organizaciones. Pueden sentirse inhibidas por esta capacidad, aun cuando sus evaluaciones y soluciones sean acertadas.

☐ El talento Restaurador es muy valioso porque provoca que los problemas lo estimulen en vez de abatirlo.

SIGNIFICACIÓN

Usted desea que lo vean como a una persona importante. En el verdadero sentido de la palabra, desea el reconocimiento de los demás. Quiere que lo escuchen. Desea sobresalir y ser conocido. Particularmente, quiere ser conocido y valorado por sus fortalezas singulares. Necesita que lo admiren y lo consideren una persona creíble, profesional y exitosa, y desea asociarse con personas creíbles, profesionales y exitosas. Por eso, a quienes no poseen estas cualidades, usted los impulsará a que las consigan. De lo contrario, seguirá su camino solo. Al ser un espíritu independiente, usted desea que su trabajo sea un estilo de vida, más que un empleo, y que le dejen el camino libre para hacer las cosas a su manera. Para usted, sus anhelos son muy importantes y siempre trata de hacerlos realidad. Por eso, llena su vida con las metas, los logros y los honores que ansía. Cualquiera que sea el objetivo —y en cada persona es distinto—, su talento Significación siempre lo impulsará hacia delante, lo apartará de la mediocridad y lo encaminará hacia lo excepcional. Es el talento que hace que usted esté constantemente en la búsqueda de nuevas metas.

En las Escrituras, algunos pasajes que se refieren al talento Significación son:

Ustedes son la luz del mundo. No puede ocultarse una ciudad construida sobre un monte. No se enciende una lámpara para meterla en un cajón, sino que se pone en el candelero para que alumbre a todos en la casa. Brille igualmente la luz de ustedes ante los hombres, de modo que cuando ellos vean sus buenas obras, glorifiquen al Padre de ustedes que está en el cielo.
Mateo 5, 14-16

…Yo vine para que tengan vida, y la tengan en abundancia.
Juan 10, 10

Porque aunque como cristianos tengan diez mil instructores, no tienen muchos padres. Yo los engendré para Cristo cuando les anuncié la Buena Noticia. Por lo tanto les ruego que sigan mi ejemplo.
1 Corintios 4, 15-16

Para lograr una mejor comprensión de este talento, analice las cinco reflexiones que se ofrecen a continuación y elija las que mejor lo describen.

☐ Usted probablemente disfruta de recibir reconocimientos públicos por el impacto positivo que ejerce sobre los demás.

☐ Quiere hacer mella en otras personas y grupos, y en la sociedad en su conjunto.

☐ Desea que las contribuciones que usted realiza sean consideradas sustanciales, poderosas y significativas.

☐ Aunque muchas personas aprecian este talento, otras pueden sentirse intimidadas por él y tal vez no se lo digan abiertamente. En cambio, quizá aseguren que usted "sólo quiere llamar la atención" o lo tilden de egocéntrico.

☐ El talento Significación es muy valioso porque puede ser una fuente de energía para hacer cosas buenas y útiles que serán recordadas por siempre. Usted se siente motivado por una fuerza interior a realizar cambios radicales y duraderos.

ANÉCDOTAS SOBRE EL DESARROLLO DE FORTALEZAS

En la adversidad, halló su auto-confianza

Un señor llamado Henry solicitó orientación porque estaba a punto de perder su trabajo y no sabía qué hacer. Estaba muy afligido, y con razón, ya que tenía la responsabilidad de mantener a su familia. No quería decepcionar a nadie, pero se encontraba en un verdadero aprieto: su empresa se estaba derrumbando.

Durante las sesiones orientadoras, sencillamente reflexionó acerca del impacto que tienen sus cinco talentos dominantes sobre su mundo. Descubrió que, gracias a su talento Relación, le resulta más natural entablar relaciones a largo plazo con los clientes que llevar a cabo transacciones rápidas. Su talento Responsabilidad lo hace una persona honesta y frontal con sus clientes. Nunca los toma por sorpresa con "la letra chica".

A medida que avanzaban las sesiones orientadoras, Henry empezó a darse cuenta de que sus talentos dominantes constituían los cimientos sólidos de su proceder. Además, a medida que obtenía más información sobre sus talentos principales, se sentía cada vez más seguro de sí mismo. Gracias a esta renovada auto-confianza, comenzó a actuar con mayor seguridad y determinación. Hoy es dueño de una exitosa empresa en otro rubro y, como es de esperarse, es una persona confiable, honesta y considerada para con sus clientes.

Kristy McAdams
Lutz, Florida, Estados Unidos

143

En familia

Hace un año y medio, en mi núcleo familiar conocimos nuestros talentos dominantes. Mi familia está compuesta por mi esposa, tres hijos, dos nueras, el novio de nuestra hija y yo. Durante muchos meses, todas nuestras conversaciones durante la cena familiar semanal giraban en torno a este tema.

Primero analizamos las características principales de los talentos de cada uno, así como las posibles aplicaciones de todas esas características. Eso nos llevó unos tres meses. Luego llevamos a cabo diálogos de seguimiento en los que analizábamos nuestra situación personal y qué más podíamos hacer para desarrollar nuestros talentos. A mediados de 2007, terminé el curso para convertirme en guía en materia de fortalezas y ahora realizo sesiones orientativas con cada uno de los miembros de mi familia.

Desde que tomamos conocimiento de nuestros cinco talentos principales, hemos observado que cada uno de nosotros aplica sus talentos a diversas fortalezas. Esto se ve reflejado en actividades que van desde la organización de la cena navideña hasta los roles que cada uno desempeña en la iglesia a la que asistimos. También aplicamos el conocimiento sobre nuestros talentos a distintas situaciones laborales. Hoy por hoy, nuestros talentos dominantes juegan un papel fundamental cuando analizamos oportunidades de cambio en el ámbito laboral o al enfrentarnos a cualquier otra situación.

En términos generales, hemos mejorado muchísimo nuestro nivel de comunicación. Ahora que comprendemos la marcada Empatía de mi esposa, mi hija, uno de mis hijos y su esposa, este talento se ha convertido en uno de nuestros recursos más valiosos. ¡Antes los demás no entendíamos qué pasaba con ellos! Muchos de nosotros también tenemos el talento Inquisitivo, por eso muchas de nuestras conversaciones tienden a convertirse en discusiones literarias. Cada vez estamos más interesados en comprender los talentos y las fortalezas. De hecho, varios miembros de mi familia planean convertirse en guías en materia de fortalezas este mismo año.

Rob Nicholls
Box Hill South, Victoria, Australia

La mejor forma de transmitir el propósito de Dios

Cuando estudiaba en la Universidad —como la mayoría de los jóvenes de esa edad— buscaba mi lugar en el mundo. La vida giraba sin parar alrededor de mí y yo sólo anhelaba comprenderme mejor a mí misma. En ese momento, apareció en mi vida el concepto de las fortalezas y tomé conocimiento de mis talentos dominantes. No quería que nadie me encasillara ni tampoco definir a los demás con mis propios parámetros, pero me sentí aliviada al ver que podía expresar con claridad algunos aspectos de mi personalidad y mis tendencias a través de mis cinco talentos principales.

Al observar mis talentos desde mi cosmovisión cristiana, entendí que mi forma de ser es un designio divino. Ahora me regocija saber que mis tendencias no son meras partes de mi personalidad, sino talentos que me brindan el potencial para desarrollar fortalezas en muchas áreas. Saber que mis talentos dominantes y las características que ellos conllevan son un designio divino me ha sido de gran ayuda en conversaciones con colegas, con empleados y con mi jefe: ahora puedo describir lo que me fortalece y la forma en que mejor puedo hacer uso de esos talentos en el reino de Dios.

Dios nos creó para que cumpliéramos con su propósito en la Tierra y me parece maravilloso sentirme fuerte para obedecer su llamado. Ahora puedo encontrar formas de expresarme a través de mis talentos y aprovechar al máximo el potencial que Dios me he concedido.

Kristine Wendt
Lino Lakes/White Bear Lake/Spring Lake Park
Minnesota, Estados Unidos

Transformado por la auto-confianza

A Mark le habían asignado el puesto de director juvenil interino justo antes de que yo aceptara el cargo de pastor interino en una gran iglesia ubicada en una universidad del sur de California. Tras asumir el cargo y evaluar al personal, descubrí que Mark estaba muy entusiasmado con su nueva actividad. Llevaba a cabo sus tareas con buena predisposición y entusiasmo.

No hacía mucho que había regresado del este de los Estados Unidos, donde había trabajado por un tiempo como cronista deportivo. Le encantaba esa profesión, pero la retribución económica no era suficiente para él y su esposa, por lo que volvieron a su ciudad natal en busca de nuevos horizontes. Tenía un título universitario, pero ningún lugar a donde ir. Sentía un alto grado de frustración en su vida.

Ni bien llegué, me aseguré de que todos los miembros del personal hicieran la evaluación Clifton StrengthsFinder. Mark y yo nos sentimos conectados apenas nos conocimos e inmediatamente nació un vínculo entre nosotros. Él quería aprovechar cada oportunidad para hablar del descubrimiento de los talentos y del desarrollo de las fortalezas. Estudiaba, leía y conversaba sobre fortalezas con cada persona que se mostrara dispuesta. Era evidente que estaba viviendo una revolución en su interior.

Mark trabajó con mucho tesón como director juvenil, pero a medida que fue pasando el tiempo, noté que parte de su predisposición y entusiasmo inicial comenzaba a decaer. Ser director de las actividades juveniles no era la pasión de su vida. Al estudiar y vivir de acuerdo con sus talentos principales, aumentó su auto-confianza y comenzó a darse cuenta de que era un escritor talentoso que anhelaba enseñar en el ámbito universitario. Se presentó una oportunidad en una universidad y el profesor titular, que conocía los talentos de Mark, le abrió las puertas a un futuro relacionado con la enseñanza y la escritura.

Mark se encontró a sí mismo y luego halló su propio rumbo. Ingresó en una importante universidad y pronto terminará su doctorado. Enseñará y escribirá con pasión, porque ese es su verdadero potencial para desarrollar sus fortalezas. Es lo que conforma su verdadero "yo".

Mark nunca miró hacia atrás: por delante lo espera un futuro absolutamente brillante. Su auto-confianza y la oportunidad de tomar decisiones en función de la información con la que ahora cuenta transformaron radicalmente su vida.

Clari Kinzler
San Diego, California, Estados Unidos

Crecimiento sin culpa

Desde que recibí orientación en materia de fortalezas, cambié mi percepción de mi trabajo y de mí misma. Asistí a una clase y recibí orientación personal sobre el descubrimiento de los talentos y el desarrollo de las fortalezas.

A decir verdad, la idea de hacer otro "test de personalidad" no me llamaba la atención en lo más mínimo, pero Clifton StrengthsFinder resultó ser totalmente distinto. Me sentí absolutamente liberada. La orientación en materia de fortalezas me permitió divertirme muchísimo en aquellas áreas de las que ya disfrutaba y en las que me destacaba, y me dio una razón contundente para no trabajar en las áreas en las que no tenía ningún talento especial. Me permitió crecer sin culpa. Me permitió decir "no" en función de razones sólidas, en lugar de excusas poco convincentes. La clase transformó nuestras vidas: todos los participantes crecimos de forma sorprendente y emocionante.

El conocimiento que adquirimos cambió nuestra forma de relacionarnos y comunicarnos entre nosotros. Hasta incluí información sobre mis talentos y fortalezas en mi solicitud de ingreso al seminario.

Ahora le recomiendo a todo el mundo que deje de insistir en cambiar sus debilidades y mejor se concentre en desarrollar tus fortalezas.

Judy Green-Davis
Phoenix, Arizona, Estados Unidos

CAPÍTULO 5

Cómo aprovechar sus talentos para superarse y servir a los demás

Usted ya ha tomado conocimiento de las características relacionadas con cada uno de sus talentos dominantes. ¿Acaso se pregunta cómo poner en práctica estos talentos en su parroquia y en su vida? Pues la verdad es que ya son parte de las decisiones que toma día a día. Sucede naturalmente.

Analice el caso de Bob, Kathy, Donna y Ray, quienes hicieron una excursión de dos semanas a Tierra Santa con un grupo de su parroquia. Uno de los talentos dominantes de Bob es Contexto, con lo cual no es de sorprender que su primer preparativo para el viaje haya sido el estudiar la historia de la región. Quería entender las causas de la situación actual de Jerusalén.

Kathy, por su parte, tiene Carisma como uno de sus talentos dominantes, por lo que uno de sus objetivos para este viaje era llegar a entablar amistad con todos los que viajaban. En su concepción del mundo no hay desconocidos, sólo amigos por conocer. Tenía la esperanza de volver a casa con 25 amigos nuevos.

Uno de los talentos dominantes de Donna es Disciplina, así que ella quería un itinerario detallado. De ese modo, sabría qué empacar y qué esperar de cada día.

Por otro lado, los talentos dominantes de Ray incluyen Flexibilidad. No le molestó para nada el hecho de que los detalles del viaje no estuvieran listos hasta tres días antes de partir. Tampoco le importaba que las actividades diarias se fueran cambiando sobre la marcha. Por el contrario, el no saber con certeza qué le deparaba cada día le provocaba un gran entusiasmo.

Los talentos principales de una persona no se hacen manifiestos sólo en las grandes ocasiones de la vida, sino que se ponen en práctica cotidianamente. ¿Elige usted la ropa que va a usar al día siguiente antes de irse a dormir o lo decide por la mañana, cuando se levanta? Cuando va a un restaurante, ¿prueba platos nuevos del menú o casi siempre pide lo mismo? ¿Decide con rapidez qué película ver o qué libro leer, o primero lo medita y analiza diversas opciones? Mientras espera a ser atendido en la tienda de comestibles, ¿conversa con las demás personas de la fila o se pone a ojear una revista? Sus talentos están presentes en la forma en que aborda todas y cada una de las situaciones que enfrenta y decisiones que toma.

Sus talentos también influyen en su crecimiento espiritual y la forma en que sirve a Dios y al prójimo en su parroquia. Si en la parroquia de Rick —quien recibía a los feligreses antes de misa de mala gana y cuya experiencia contamos en el capítulo 1—, la coordinadora de actividades se hubiese tomado el tiempo de ayudarlo y de identificar sus talentos para asignarle un rol en el que pudiera aprovecharlos, la parroquia de Rick habría ganado un miembro más leal y espiritualmente productivo.

El hecho de conocer sus talentos al unirse a una nueva parroquia puede contribuir a evitar los riesgos de cumplir un rol que no es adecuado para usted. Al conocer sus talentos, usted naturalmente tratará de encontrar formas de ponerlos en práctica.

Phil comprende esta situación, porque creció en el seno de una familia protestante muy ortodoxa. "No podía bailar ni escuchar la música que estaba de moda, como el rock and roll, no podía ir a la pista de patinaje porque allí pasaban esa música, no podía ir a jugar a los bolos porque allí se consumían bebidas alcohólicas, no podía ir a jugar billar", nos cuenta. "Era tanto lo que no podía hacer, que crecí alejado de muchas cosas. Mis amigos hacían fiestas a las que, desde luego, yo no podía ir". Esas experiencias dejaron hondas cicatrices en Phil y provocaron que se alejara de toda religión en su juventud. Pero cuando se casó, se convirtió al catolicismo, principalmente porque la parroquia de su flamante esposa hizo que se sintiera bienvenido.

Uno de los talentos principales de Phil es Inclusión: Phil no quiere que nadie se sienta excluido como se sintió él siendo más joven. Su misión personal es "acercarse a las personas que han sido dejadas de lado, a los ancianos que están solos y a los minusválidos o los excluidos de toda índole, y tratar de incluirlos".

Phil sostiene que trata de "demostrarles cariño a todas las personas en general" y esto se debe a lo que sufrió en su infancia y adolescencia. "Mi deseo de conectarme con todas las personas es una característica evidentemente innata en mí. En pocas palabras, me encanta la gente", agrega.

Los talentos también influyen en la forma en que abordamos nuestro crecimiento personal y nuestros estudios, lo que resulta particularmente evidente en el estudio de las Escrituras. Uno de los talentos dominantes de Sarah es Individualizar, lo cual ha influido en el crecimiento de su fe. "Creo que mi forma de estudiar la Biblia y aprender de ella fue a través de sus personajes", nos cuenta. Sarah aprecia la singularidad de cada personaje y busca inspiración en ellos. "Me encantan el libro de Ester, el de José y el de Pablo", dice. Pero su personaje bíblico preferido es Ester. "Me fascina su relato porque pasó de la nada a convertirse en reina. Esta mujer común y corriente tomó coraje y se presentó ante el rey para salvar a su pueblo, aunque ella misma no deseaba hacer esto. Pero lo hizo. Encontró su fe en lo más profundo de su ser y, con el apoyo de otras personas, a través de la oración y el ayuno, y tras suplicarle a Dios que le mostrara el camino, cumplió con su misión. Por eso, cuando estoy frente a una dificultad, pensar en Ester me da el coraje necesario para seguir adelante".

ENFOQUE EN LOS RESULTADOS

Phil y Sarah están llevando sus talentos a la práctica en lo que respecta a su vida espiritual. Saben cómo lograr la plenitud. Tal vez usted se sienta tentado a imitarlos. Pero tenga cuidado: uno de los errores más comunes que cometen las personas es concentrarse en los *pasos que conducen al crecimiento espiritual* en vez de en los *resultados del crecimiento espiritual.* A menudo la gente observa la vida de personas espiritualmente maduras y trata de imitar los pasos que las ayudaron a alcanzar esa madurez.

El error consiste en asumir que, si dos personas siguen los mismos pasos y procedimientos o el mismo patrón, se producirán los mismos resultados en sus vidas. Esta idea va en contra de todo lo que revelan las investigaciones de Gallup sobre los talentos. Si usted quiere lograr los resultados de alcanzar la madurez espiritual, los pasos que tendrá que seguir dependerán en gran medida de sus talentos, que son exclusivamente suyos.

Ilustrémoslo con un ejemplo. Uno de los objetivos de todos los miembros de la parroquia de Brian es que la fe esté presente en todos los aspectos de la vida. Uno de los talentos dominantes de Brian es Intelectual, lo que implica que tiene la necesidad de pensar muchísimo sobre las cosas. Necesita tomarse un tiempo para reflexionar y cavilar sobre cada concepto, pero además de eso, siempre está pensando en una inmensa variedad de temas. "A fin de lograr este objetivo, que considero fundamental para todos los cristianos, lo mejor es empezar cada día con la lectura de la Biblia y también de otros libros que nos invitan a la reflexión o desafían nuestras ideas", dice Brian. "A lo largo del día, pienso en lo que leí por la mañana y me pregunto cómo se relaciona con lo que estoy haciendo en ese momento. Esto me ayuda a prestarle atención a mi fe y a meditar más profundamente sobre ella".

Shauna pertenece a la misma parroquia, pero su enfoque es distinto. "Cuando descubrí que uno de mis talentos dominantes es Iniciador, se aclararon muchos aspectos de mi vida. Lo estudios cuaresmales de la Biblia en nuestra parroquia, que consistían en sentarse a leer la Biblia y comentar la lectura, siempre me parecieron aburridísimos", nos cuenta.

Shauna solía sentir culpa por esto que le ocurría, hasta que descubrió que las personas que poseen el talento Iniciador se aburren fácilmente. Para incrementar su fe, a las personas que tienen este talento no les basta con *hablar* sobre algo: también necesitan *actuar*. "Por eso, comencé a colaborar con las tareas de distribución de comida a los ancianos y a las personas que precisan cuidados domiciliarios. Al hacer algo por los demás y ver los resultados de mis actos concretos, mi fe comenzó a hacerse más fuerte. Lo que necesito es participar en actividades significativas, ya que eso influye en todos los demás aspectos de mi vida". Ahora en vez de sentirse culpable por sus talentos, la enorgullece que esos mismos talentos sirvan para cambiar la vida de otras personas.

Tanto Brian como Shauna lograron su objetivo de hacer que la fe ocupe un papel preponderante en sus vidas, pero de distinta manera. El resultado es el mismo, pero los pasos que siguieron para lograrlo son distintos porque sus talentos no son iguales.

CÓMO PERDONAR A PARTIR DE LOS TALENTOS

Los talentos determinan cómo resolvemos los problemas en nuestra vida espiritual. Tomemos como ejemplo la doctrina del perdón. La manera de perdonar a las personas depende en gran medida de sus talentos. "Siempre fui una persona muy susceptible", nos cuenta Melissa. Por eso es que siempre le ha resultado difícil perdonar a quien haya herido profundamente sus sentimientos. "Siempre me sentí un fracaso como cristiana, porque se supone que debemos perdonar. Así como Dios nos perdonó a través de la muerte y la resurrección de Jesús, nosotros debemos perdonar al prójimo. Todo cobró sentido cuando descubrí que uno de mis talentos principales es Empatía. Comprendí que me cuesta dejar de lado el resentimiento porque puedo sentir profundamente lo que siente una persona cuando hace algo que me hiere".

Pero Melissa encontró la forma de perdonar y superar el dolor. "Cuando una persona se da cuenta de que hirió mis sentimientos, normalmente se arrepiente y se siente muy mal por eso. Entonces, en vez de concentrarme en mis emociones, me concentro en las de esa persona. Imagino lo que debe de estar sintiendo. Me pongo en su lugar y me doy cuenta de lo mal que me sentiría si lastimara a uno de mis seres queridos. Eso me permite entender al otro y superar mi propio dolor, para poder así perdonarlo".

Por el contrario, a Craig siempre le resultó muy fácil perdonar. Esta capacidad se la debe a su talento Armonía. "Quiero que todo el mundo se lleve bien y me gusta llevarme bien con todos", dice Craig. "Pero tampoco dejo que me pisoteen: uno de mis talentos es Mando. Sé que parece una combinación extraña, pero es mi forma de abordar la vida". Cuando siente que alguien ha actuado de mala manera con él, Craig enfrenta la situación o a la persona sin dilaciones. También puede perdonar con rapidez sin guardar ningún tipo de rencor. "Quiero resolver el problema cuanto antes para que la relación vuelva a encaminarse", sostiene. "Aferrarse al dolor sólo engendra más resentimiento y dificulta las relaciones interpersonales. El perdón ayuda a restaurar la paz".

El perdón es una doctrina y una expectativa fundamental de la fe cristiana. Pero la forma de perdonar de cada cristiano —es decir, los pasos que sigue para lograr el resultado— depende de su singular combinación de talentos. A fin de crecer espiritualmente y vivir la vida de acuerdo con la voluntad de Dios, es preciso concentrarse en los resultados que se quieren lograr y dejar que los talentos determinen el mejor camino para llegar a ellos.

Sus talentos son un valioso don que Dios le ha concedido. Influyen en su forma de ver y ayudar a los demás y de percibir el mundo. En las páginas siguientes se incluyen diversas reflexiones y preguntas inspiradoras, así como sugerencias sobre qué hacer para desarrollar sus talentos y llevar sus fortalezas a la práctica; y crecer espiritualmente y servir a Dios y al prójimo en el proceso. Elija aquellas que se ajusten mejor a sus talentos y valores, y póngalas en práctica para desarrollar su plan personal para superarse y servir a los demás.

ANALÍTICO

Si en usted resalta el talento Analítico, es una persona que busca las razones y las causas de todo. Tiene la capacidad de pensar en todos los factores que pueden afectar una situación.

- ☐ Busque evidencias y datos tangibles que convaliden su fe. Desarrolle una explicación lógica que pueda compartir con otras personas que buscan la verdad.

- ☐ Desarrolle sus talentos para formular preguntas. Las grandes preguntas pueden guiarlo en el camino hacia descubrimientos personales y espirituales.

- ☐ Participe en actividades de la parroquia que no sólo le permitan ligar su fe a su intelecto, sino que también lo alienten a hacerlo.

- ☐ Usted tiene una mayor tendencia a actuar con compromiso si está convencido de algo. Haga preguntas y conduzca investigaciones que lo ayuden a responder *"sí"* o *"no"* con determinación.

- ☐ Ante situaciones en que haya sentimientos en juego, haga uso de su serenidad para ofrecer razonamientos lógicos.

- ☐ No tema expresar su escepticismo, ya que ello aportará validez y realismo a cualquier diálogo. Asegúrese de transmitir su análisis de manera útil y positiva.

- ☐ Investigue intensamente cualquier tema o concepto relativo a la fe que le resulte significativo a nivel personal y que lo apasione. Al analizar el tema o concepto minuciosamente, logrará profundizar y fortalecer su fe.

☐ Usted anhela ver mejoras y crecimiento en su parroquia, pero considera que el progreso no se logra sacando conclusiones apresuradas ni haciendo lo que hacen todos los demás. Usted puede ayudar a las personas a enfrentar el futuro de manera más reflexiva, responsable y organizada.

☐ Utilice su talento Analítico para analizar en términos numéricos lo que ocurre en el ámbito de su parroquia. ¿Qué patrones o tendencias le resultan evidentes? Cuando usted está convencido de algo, suele convertirse en su defensor más comprometido y elocuente.

☐ Cuando en su parroquia desempeñe roles que impliquen la toma de decisiones, identifique fuentes confiables y fidedignas. Usted se desempeña mejor cuando tiene fuentes de información y de números bien documentadas que respalden su lógica. Por ejemplo, determine qué libros, sitios Web o publicaciones le pueden servir mejor como referencia.

ARMONÍA

Si en usted resalta el talento Armonía, es una persona que busca el consenso. Como no le gusta el conflicto, siempre trata de encontrar áreas de común acuerdo.

☐ Es probable que experimente crecimiento y satisfacción espiritual cuando forma parte de proyectos parroquiales que requieren una participación activa y tienen una aplicación práctica.

☐ Mientras que a algunos los motivan las situaciones de confrontación y conflicto, usted se siente incómodo cuando hay discordia. Si se rodea de maestros, profesores y mentores con una mirada considerada y cooperativa del aprendizaje, usted prosperará más que si se rodea de quienes tratan de generar controversia y utilizan el debate como herramienta.

☐ Usted tiene la habilidad de limar asperezas y promover entornos donde reine la armonía. ¿Cómo lo hace en la actualidad? ¿Cómo podría hacerlo mejor?

☐ Recuerde que su meta es lograr la armonía y no la uniformidad. Su instinto le indica que no puede haber armonía si "todas las voces son exactamente iguales". Colabore para que los distintos integrantes de ese "coro" logren escuchar y apreciar los diversos "matices de la melodía".

☐ Usted es capaz de ver los puntos en los que coinciden las personas que tienen conflictos. Como tiene más posibilidades que otros de detectar puntos en común, sea la persona clave que ayude a las personas a descubrir los aspectos en los que sí están de acuerdo.

☐ Es probable que usted esté más abierto al crecimiento cuando su vida está equilibrada. Luche por lograr la armonía entre las exigencias y los roles que están en pugna en su interior.

☐ Puede que le cueste expresar sus ideas y sentimientos cuando no está usted de acuerdo con alguien. ¿En qué situaciones le resulta más difícil "vivir en la verdad y el amor"? ¿En qué situaciones es la verdad más importante que la paz?

☐ Usted es sensible a los conflictos. Entre los que lo rodean, ¿quiénes tienen conflictos? ¿Cuáles son las áreas de conflicto en su parroquia? ¿A quién le podría resultar útil esta información?

☐ No permita que los feligreses de la parroquia malgasten su tiempo y energía en discusiones por las que desatiendan problemas concretos que necesitan solución. Su talento Armonía puede ayudar a que los demás presten mayor atención a las cosas verdaderamente importantes en las que sí están de acuerdo.

☐ Utilice su talento Armonía para crear una red de personas con distintas perspectivas y en las que usted pueda confiar cuando necesite recurrir a gente con cierta pericia. Estar abierto a distintas perspectivas lo ayudará a aprender.

AUTO-CONFIANZA

Si en usted resalta el talento Auto-confianza, es una persona que confía en su capacidad para manejar su propia vida. Posee una brújula interior que le proporciona la certeza de que sus decisiones son correctas.

☐ Cuando su voz interna le hable, escúchela. Piense de dónde proviene ese instinto. ¿Cómo hace Dios para hablarle a través de esa voz que le pertenece a usted?

☐ Su confianza puede ser una fuente de inspiración para los demás. Cuando no estén seguros de su fe o no sepan qué rumbo tomar, cuénteles cómo hizo para adquirir sus propias creencias y tomar decisiones.

☐ Cuando se ofrezca para trabajar en alguna comisión o proyecto, cuídese de las personas o de las organizaciones que quieran imponerle determinadas estructuras o directivas. Por lo general, no le gusta que otros le digan qué es lo que tiene que hacer ni cómo hacerlo.

☐ Si otro de sus talentos principales es Comunicación o Creencia, quizá tenga la capacidad para ser un orador influyente. Analice un pasaje o relato de la Biblia que sea significativo para usted y, con la confianza que lo caracteriza, "convenza" a los demás sobre la importancia de la enseñanza que deja.

☐ Encuentre a una persona que le pueda brindar consejo espiritual cuando deba tomar decisiones difíciles. Por su excepcional talento Auto-confianza, es probable que rara vez pida consejos y que siempre cuestione los que le dan. Por lo tanto, asegúrese de dar con una persona que no se ofenda si usted no coincide con su opinión. Honre a esta persona diciéndole que usted es muy selectivo y casi nunca le pide consejos a nadie.

☐ ¿Sabe cuándo "abandonarse a la mano de Dios" y cuándo ejercer control sobre las cosas que están en su propio poder? Piense en las cosas sobre las que tiene control e inclúyalas en una lista. Luego piense en las cosas sobre las que Dios tiene autoridad. ¿De qué manera permite que Dios actúe en su vida?

☐ Piense en situaciones en la que su intuición le falló y otras en las que no. ¿En qué se diferencian esas situaciones? ¿Fue diferente la sensación que tuvo? ¿Cómo puede mejorar su capacidad de intuición?

☐ Comparta su talento Auto-confianza con otros. Evalúe la posibilidad de formar un equipo con personas cuyos talentos principales sean Desarrollador, Estratégico o Futurista, pero que carezcan de su alto grado de Auto-confianza. Su confianza puede ser el impulso que ponga en movimiento las ideas de los demás para el desarrollo de la iglesia.

☐ Tenga en cuenta que algunas veces se le dificultará expresar en palabras su seguridad o intuición, lo que posiblemente llevará a los demás a verlo como alguien con pretensiones de superioridad moral. Explique que su seguridad no significa que ellos no deban dar a conocer sus opiniones. Aunque ellos no lo crean así, a usted de verdad le interesa oír sus opiniones. Su seguridad no significa que no esté dispuesto a contemplar los puntos de vista de los demás.

☐ Ayude a la gente a ver los aspectos positivos de su Auto-confianza. Su talento puede hacer que se sientan seguros del cuidado y la providencia de Dios en tiempos de cambio, incertidumbre o tribulación.

CARISMA

Si en usted resalta el talento Carisma, es una persona que adora el desafío de conocer gente nueva y ganarse su aprecio. Le da mucha satisfacción romper el hielo y establecer un vínculo con otra persona.

☐ Súmese a un grupo social o de estudio en su parroquia, donde haya personas que no conoce. Así disfrutará de la emoción de conocer gente nueva.

☐ Encárguese de recibir a los feligreses antes de misa. Su talento Carisma hará que se sientan bienvenidos.

☐ Ofrézcase para dar la bienvenida y acompañar a los recién llegados a la parroquia. Usted tiene la capacidad de relacionarse rápidamente con los demás y de hacerlos sentir a gusto, como si estuvieran en su propia casa.

☐ Promueva la buena voluntad entre los miembros de su parroquia entablando relación con las personas que viven cerca de su casa. Intente llegar a su comunidad. Ofrézcase a dar la bienvenida a los recién llegados e invítelos a colaborar con los servicios de la parroquia.

☐ Formule preguntas que inviten a la reflexión, por ejemplo: "¿Cuál fue la experiencia religiosa más significativa que hayas tenido?", y participe de conversaciones que eleven el espíritu y lo ayuden a sentirse conectado con Dios en la vida cotidiana.

☐ Asuma la responsabilidad de organizar un evento social importante, como una cena o una subasta para recaudar fondos para la parroquia. Use su carisma para generar sentimientos positivos.

☐ Apréndase los nombres de tantas personas como pueda. Cree un archivo con todos los datos de las personas que conoce y vaya agregando los de aquellas que vaya conociendo. Incluya algún que otro dato personal: la fecha del cumpleaños, su color preferido, su pasatiempo u otra cosa o actividad que le interese.

☐ Usted nació para hacer campañas. ¿Existe en su parroquia un servicio o proyecto importante que necesite el apoyo de muchas personas para concretarse? Ponga en práctica su talento Carisma para sumar a los demás y hacer que ese sueño se convierta en realidad.

☐ Dentro de un grupo, asuma la responsabilidad de hacer que los recién llegados o los más reservados se sientan cómodos. Su talento Carisma puede ayudar a que la gente vea la parroquia como un lugar cálido, atractivo y acogedor.

COMPETITIVO

Si en usted resalta el talento Competitivo, es una persona que mide su progreso comparándolo con el desempeño de los demás. Se esfuerza por llegar siempre en primer lugar y disfruta de las competencias.

☐ Desarrolle un método para medir, contar o clasificar su crecimiento espiritual.

☐ Imagine su vida espiritual como si fuera una carrera. ¿En qué lugar de la carrera se encuentra usted? ¿A qué contrincante que está en una posición más adelantada le gustaría alcanzar? ¿Qué hace falta para alcanzarlo?

☐ Tome nota de sus victorias espirituales en un diario.

☐ Utilice sus deseos de ganar para asegurarse su victoria más importante: derrotar el mal o la injusticia.

☐ Registre las victorias espirituales de los miembros de su parroquia y hágalas públicas. En su mundo, las victorias no tienen cabida si no es para celebrarlas.

☐ Usted sabe que, para que el progreso tenga sentido, es preciso medirlo. Por esa razón, su colaboración puede resultar fundamental en la parroquia a la hora de determinar cómo se medirá la eficacia. Una vez establecidos los puntos de referencia, usted puede ayudar a que la parroquia mejore comparándose con esos puntos de referencia.

☐ Procure no caer en la tentación de comparar sus talentos con los de otras personas para medir su propio valor (y el de los demás). Dios nos creó a su imagen y semejanza, y los talentos de cada persona son recursos muy valiosos para la parroquia, ya sean aprovechados para establecer o superar objetivos o bien para comprender los sentimientos de una persona que sufre.

☐ Infórmele a la gente que ser competitivo no es sinónimo de menospreciar al prójimo. Su competitividad puede mejorar el desempeño del resto de los feligreses al ayudarlos a centrar su atención en hacer algo bueno para Dios.

☐ Ayude a la parroquia a identificar su verdadera competencia. ¿A quién o qué está tratando de derrotar? ¿A quién o qué se esfuerza por alcanzar y emular?

☐ Lleve a un grupo de feligreses a alguna parroquia cercana que sea considerada líder en algún aspecto de la fe. Compare la situación de ambas parroquias y ayude a la suya a desarrollar formas de mejorar.

COMUNICACIÓN

Si en usted resalta el talento Comunicación, es una persona que suele expresar sus pensamientos en palabras con gran facilidad. Es un gran conversador o presentador.

☐ Ofrézcase para comunicarle al resto de los feligreses la visión que tiene el liderazgo de su parroquia para el futuro. Su capacidad de ilustrar el futuro a través de un relato trasciende los detalles en los que se detienen otras personas e inspiran al público hacia el compromiso y la acción.

☐ Como parte de la planificación de su crecimiento espiritual, lleve un diario. Todos los días, tome nota de la forma en que Dios se manifiesta en su vida. Su talento le permitirá brindar detalles vívidos de la presencia de Dios en los sucesos cotidianos.

☐ Solicite ser el lector de las Escrituras durante el servicio. Utilizando el mismo talento con el cual adorna y enriquece sus anécdotas cotidianas, puede usted hacer que el relato o pasaje que deba recitar sea más vívido y emocionante.

☐ En su opinión, la mejor forma de compartir su fe con los demás es a través de la narrativa; es decir, de relatos acerca de la manera en que Dios se ha manifestado en su propia vida y en la de otras personas. Comparta sus creencias a través de narraciones que podrían ser compartidas de generación en generación en el futuro.

☐ La Biblia abunda en relatos floridos y llenos de dramatismo. Léalos, estúdielos y atesórelos como piedras preciosas en un cofre. Recuérdelos, nárrelos y medite sobre ellos cuando su vida tome un rumbo comparable. Seguramente le servirán como fuente de consuelo, estímulo e inspiración.

☐ Si su talento Comunicación se manifiesta por medio de la redacción, ofrézcase como voluntario para escribir oraciones en el boletín informativo semanal o mensual de la parroquia. Su talento contribuirá a que la gente profundice su fe y compromiso.

☐ Practique lo que vaya a decir en sus presentaciones. Las oportunidades para compartir con los demás asuntos relacionados con la fe son de suma importancia. La improvisación tiene cierto atractivo, pero en general el público responderá mejor a un presentador que no se va por las ramas. Por más extraño que parezca, cuanto más preparado esté, más natural parecerá su improvisación.

☐ Ofrézcase para recopilar anécdotas y ejemplos que el pastor pueda usar en los sermones. Averigüe qué temáticas se tratarán en los sermones del mes y busque relatos que se relacionen con los temas principales.

☐ A menudo una narración es la mejor forma de comprender una idea o un plan. Cuando una reunión parroquial se encuentre en un atolladero, usted puede ser la persona indicada para desentrañar los puntos esenciales de la idea o plan a través de un relato y, de ese modo, ayudar a las personas a continuar la marcha.

☐ Empiece a recopilar anécdotas o frases que tengan resonancia en usted. Por ejemplo, recorte artículos de revistas que lo movilicen mental o emocionalmente, o escriba combinaciones de palabras que resulten impactantes. Practique cómo narrar esas anécdotas y decir esas palabras en voz alta. Escúchese y perfeccione su técnica.

CONEXIÓN

Si en usted resalta el talento Conexión, es una persona que cree en los vínculos entre todas las cosas. A su juicio, las coincidencias prácticamente no existen: casi todo ocurre por una razón.

☐ Eríjase en vínculo interreligioso entre distintos grupos de oración de su comunidad. Con espíritu de ecumenismo, intercambie las peticiones. Logre que católicos oren por las necesidades de protestantes y viceversa, y que todos oren por una comprensión que trascienda la tolerancia y por la paz en el mundo.

☐ Primero ore por hallar la paz en su corazón y luego, por que sus prójimos también hallen la paz. En especial, ore por la paz en el corazón de aquellos cuyas decisiones afectan drásticamente la vida de otras personas. En sus plegarias, incluya a gobernantes y a miembros de las fuerzas armadas y de los cuerpos diplomáticos.

☐ Únase a una cadena de oración en su parroquia o comience una usted mismo. Ore por los que piden plegarias por ellos mismos, sus familias, sus amigos y por toda la humanidad.

☐ Regálese una experiencia en soledad. Pase un día, un fin de semana, una semana o más tiempo alejado de las distracciones de la vida cotidiana. Durante ese lapso, simplemente "sea". Desacelérese. Observe. Escuche. Perciba. Busque a Dios en este lugar sagrado y silencioso.

☐ Visite a los miembros de la parroquia que no pueden ir a misa. Brinde asistencia a quienes se ven imposibilitados de salir de su casa, quienes residen en hospicios y quienes proporcionan cuidados médicos y no dan abasto. Ayude a los enfermos, a los padres solteros o a los desempleados. Sencillamente pase un buen momento con ellos. Escúchelos con atención y hágales compañía.

☐ Analice la opción de dirigir un grupo de estudio de la Biblia. Gracias a su talento Conexión, usted posiblemente tenga la capacidad innata de ver conexiones entre el mundo bíblico y el mundo moderno, así como de percibir qué lecciones de antaño pueden aplicarse a la realidad de hoy en día.

☐ Esté atento a noticias que aparezcan en los medios de comunicación escrita, la radio y la televisión sobre personas en el mundo o en su comunidad que sufren, luchan, padecen dolores, rescatan a otros o brindan asistencia médica o humanitaria. Acuérdese de estas personas en sus oraciones diarias mientras estudia, trabaja, se divierte o se relaja.

☐ Comuníquese por teléfono, correo electrónico o correo postal con los miembros de la parroquia que estén en el ejército, en la cárcel, estudiando lejos del hogar o que se encuentren lejos por cualquier otro motivo. Usted puede ayudarlos a sentirse conectados aunque no estén presentes físicamente.

☐ Comience o amplíe un programa de reciclado o de conservación del agua o del suelo en la parroquia. De esta forma, podrá llevar a la práctica todos sus conocimientos sobre nuestra conexión con el medioambiente.

☐ Organice un programa de donación de sangre en la parroquia o participe en uno. Donar sangre es un acto relativamente sencillo cuyos resultados tienen un amplio alcance: puede salvar la vida de personas que quizá nunca llegue a conocer.

CONTEXTO

Si en usted resalta el talento Contexto, es una persona que disfruta de pensar en el pasado. Usted entiende el presente mediante la investigación de su historia.

☐ Recuerde lo que le enseñaron en su infancia acerca de Dios. Reflexione sobre estas preguntas: ¿en qué aspectos la imagen de Dios que usted tiene hoy en día es igual a la de aquel entonces? ¿En qué aspectos cambió?

☐ Estudie la historia de su fe católica examinando las vidas de los Papas y los santos. ¿De qué manera tanto las pruebas y tribulaciones de estas personas como su confianza y fe en Dios le han servido a usted de modelo para su vida en el siglo XXI?

☐ Escriba una autobiografía espiritual. Incluya fotografías de sucesos claves en su vida. Haga una línea de tiempo que ilustre los momentos decisivos de su singular viaje espiritual.

☐ Investigue la historia de su parroquia. Haga una reseña de esa historia por su cuenta o en colaboración. Entreviste a los miembros más antiguos para captar los recuerdos más lejanos que tengan sobre la parroquia. Recopile fotografías, boletines, planos arquitectónicos, directorios de miembros, y listas de pastores y otros líderes. Piense en publicar y vender esta historia como un proyecto para recaudar fondos.

☐ Fíjese si hay relaciones tensas o malentendidos entre personas o grupos de la parroquia. Como primera medida hacia la reconciliación, identifique y comprenda los hechos y los factores que derivaron en ese malestar. Al escuchar sinceramente a esas personas y ayudarlas a comprender el origen del conflicto, usted puede contribuir a que resuelvan sus diferencias.

☐ Participe en la comisión a cargo de organizar la celebración del aniversario de la parroquia. Grabe testimonios de vida en cintas de audio o video o en DVD. Entreviste a miembros de todas las edades antes, durante y después de la celebración. Hágalos hablar sobre el significado del evento.

☐ Dicte un curso de estudio de acontecimientos actuales en que se los relacione con asuntos de la fe, o participe en una actividad semejante. Usted disfrutará de investigar la historia de los acontecimientos para comprender "cómo llegamos a la realidad presente", y las clases se verán enriquecidas si comparte en ellas sus conocimientos.

☐ Si dicta un curso o está a cargo de liderar un grupo pequeño, prepare sus clases a partir de estudios y relatos de la Biblia. Usted disfrutará de la búsqueda del material adecuado y sus alumnos aprenderán de esos precedentes. Use su comprensión del pasado para ayudar a los demás a visualizar el futuro.

☐ Cuando estudie las Escrituras, asegúrese de leer libros sobre la historia de la Biblia; por ejemplo, acerca del descubrimiento de textos antiguos, la cultura antigua del Medio Oriente y sobre cómo se escribió, editó y codificó la Biblia. Comprender el contexto histórico de la Biblia profundizará su valoración del mensaje bíblico en la actualidad.

☐ Prepárese para aceptar los cambios. Recuerde que Dios no sólo existe en el pasado, sino también en el presente y el futuro. El talento Contexto no es sinónimo de "vivir en el pasado". Por el contrario, en realidad usted puede llegar a ser reconocido como un catalizador de cambios positivos. Su talento Contexto debe permitirle identificar más claramente aquellos aspectos del pasado que pueden desecharse y aquellos que deben conservarse para construir un futuro sostenible.

CREENCIA

Si en usted resalta el talento Creencia, es una persona cuyos valores centrales son inalterables. De esos valores, surge un propósito definido para su vida.

☐ ¿Cuánto tiempo por día, semana, mes o año dedica a las cosas que valora? Reflexione sobre la manera en que sus creencias repercuten en su modo de distribuir el tiempo conforme a sus prioridades.

☐ Su fe en las cosas que valora y en las que cree brinda tranquilidad a quienes tienen dudas o no pueden tomar una decisión. Dedique tiempo a compartir sus opiniones con los demás procurando que no se sientan amenazadas.

☐ ¿Sus valores afectan su trabajo? Trabajar para una organización religiosa que promueve y comparte sus creencias le permitirá expresar sus valores libremente y vivir conforme a ellos. Trate de evitar desempeñarse en roles o rodearse de personas que no concuerdan con sus valores o que lo obliguen a transgredirlos.

☐ ¿Qué principios y valores ha reforzado la Biblia en usted? Escriba las cinco cosas más importantes que haya aprendido a través de los relatos bíblicos. Pídales a personas cercanas a usted que hagan su propia lista y luego comparen las similitudes y diferencias.

☐ Predique con el ejemplo. En las últimas 24 horas, ¿de qué forma manifestó vivencialmente el propósito por el cual Dios lo trajo al mundo? En las próximas 24 horas, ¿de qué forma manifestará vivencialmente el propósito que Dios le ha designado?

☐ Piense en un orador religioso o un sermón en particular que lo haya ayudado a reafirmar sus creencias. ¿Qué aprendió de esa experiencia? ¿De qué forma fue transmitido el mensaje? Comparta esa lección y el mensaje con alguien que tal vez tenga dudas con respecto a su fe.

☐ Piense en alguna situación específica en la cual alguien haya expresado una opinión distinta de la suya. ¿Cómo respondió usted en ese momento? ¿Es usted curioso, tolerante, sentencioso o crítico? ¿Cómo puede permanecer firme en sus creencias sin menospreciar las de los demás?

☐ ¿A quién considera un modelo a seguir en materia de espiritualidad? ¿Qué admira de esa persona? Piense en cómo podría convertirse en un modelo a seguir y haga lo que deba hacer para lograrlo.

☐ Rememore uno de los mejores días de su vida para poner en claro sus valores. ¿Qué papel jugaron sus valores en la satisfacción que sintió ese día? ¿Cómo puede organizar su vida para que se repitan los días como ese con mucha frecuencia?

☐ Descubra en qué circunstancias se siente más cómodo al compartir sus creencias más profundas. ¿Le resultaría mejor hacerlo si fuera líder de una parroquia o profesor de catequesis o si participara en un proyecto misionero a corto plazo? ¿Las formas en que sirve a su parroquia son coherentes con sus creencias más profundas sobre la manera más eficaz de dar testimonio de su fe?

DESARROLLADOR

Si en usted resalta el talento Desarrollador, es una persona que reconoce y cultiva el potencial de los demás. Detecta las señales de cada pequeña mejora y eso le produce satisfacción.

☐ Normalmente le agrada que la gente le pida consejos. Para satisfacer esta necesidad interna, trate de desempeñarse en roles en los cuales pueda prestar asesoramiento.

☐ Identifique a las personas o grupos espirituales de su parroquia a los que haya ayudado. Hágales saber cuánto lo alegró el haber podido ayudarlos y recuérdeles que pueden contar con usted en el futuro.

☐ Identifique a las personas que, a su juicio, sean buenos "maestros". Pregúnteles de qué manera alientan a los demás a crecer y lograr sus objetivos. Trate de incorporar esos métodos a los suyos mientras desarrolla sus propias fortalezas.

☐ De las personas que asisten a clases de educación religiosa para adultos o forman parte de grupos de estudio en su parroquia, piense en las que han tenido éxito o logrado sus objetivos. Demuéstreles que usted valora sus logros y ayúdelas a pensar en nuevos objetivos por los cuales esforzarse.

☐ ¿Cómo puede ayudar a que la parroquia, en su conjunto, se desarrolle? Pregúnteles a los curas párrocos cuáles son sus objetivos. Aliéntelos y reconozca sus méritos por liderar el desarrollo de la parroquia.

☐ Si le gusta trabajar con niños, dicte un curso de catequesis o asista a uno. ¿Le gustaría ser docente o asistente en un grupo juvenil? Piense en cuánto se alegrará al ser testigo del crecimiento espiritual de sus alumnos.

☐ Pregúnteles a los pastores si hay alguien en la parroquia que podría llegar a necesitar un mentor espiritual. Hablar con alguien en forma privada y personal podría ser de gran ayuda para esa persona.

☐ Haga una lista de las últimas cinco personas a las que alentó. ¿Por qué las alentó? ¿Qué lo motivó a hacerlo? ¿Qué formas de estímulo dieron mejores resultados? Aprenda de sus propios éxitos.

☐ Descubra una forma de medir el progreso de su crecimiento espiritual. Ver su propio progreso le dará una gran satisfacción, porque así sabrá que hasta los pasos más pequeños, dados en la dirección correcta, con el tiempo pueden generar grandes resultados.

☐ Como su designio divino es darse cuenta del progreso de las personas, su pastor podría beneficiarse con su estilo personal para alentar a los demás. Los pastores a veces sienten que ven muy pocos frutos de sus esfuerzos, pero usted tiene el talento de mostrarles sus logros, aun cuando a primera vista no se manifiesten.

DISCIPLINA

Si en usted resalta el talento Disciplina, es una persona que disfruta de la rutina y las estructuras. Su mundo puede describirse mejor por el orden que usted mismo genera.

- ☐ Ofrézcase para participar en un día de limpieza general en la parroquia. Colabore para que el área que le sea asignada quede limpia y ordenada.

- ☐ Ofrézcase para crear una línea de tiempo que incluya celebraciones de los logros obtenidos en el marco de proyectos importantes de la parroquia, como la creación de una campaña de recaudación de fondos, la entrega de un premio por asistencia perfecta a clases de catequesis o un "maratón" solidario para pintar la parroquia.

- ☐ Ofrézcase para actualizar y completar el calendario de actividades de la parroquia.

- ☐ Incluya la lectura de la Biblia y la oración en sus actividades cotidianas. Esta previsibilidad le resultará encantadora y, como resultado, usted crecerá espiritualmente.

- ☐ Cuando estudie las Escrituras, preste particular atención a las ocasiones en que Dios convirtió en orden el caos. Estos pasajes se encuentran en los relatos sobre la creación del Génesis y en el Apocalipsis, cuando Dios regresa para imponer su orden sobre el caos del mundo.

- ☐ Ofrézcase como voluntario para llevar u organizar los registros de la parroquia. Gracias a su talento Disciplina, la preparación del informe anual será mucho más sencilla. De hecho, puede que usted disfrute de recopilar y organizar toda la información que dará como resultado un informe coherente y completo.

☐ Reconozca que los errores pueden llegar a deprimirlo. La precisión es un elemento clave en usted. No obstante, debe encontrar formas de sobrepasar estos momentos de molestia para evitar desanimarse.

☐ Reconozca que no todos son tan disciplinados como usted. A veces los procedimientos de los demás pueden llegar a parecerle torpes y desorganizados. Trate de ver más allá de los procedimientos: mejor evalúe los resultados. Recuerde que, aunque Dios convirtió en orden el caos, el logro supremo de la creación fueron los seres humanos, con todos sus errores y su carácter imprevisible.

☐ Aprenda el arte de perdonar, especialmente cuando se trata de usted mismo. Aunque aspira a lograr la perfección, acepte el hecho de que tal vez ni usted ni otras personas lleguen a alcanzarla alguna vez. Perdone y siga su camino. Celebre la excelencia lograda a pesar de las imperfecciones.

☐ Participe en comisiones y grupos parroquiales que se rijan por estructuras y rutinas establecidas. Si forma parte de grupos y comisiones sin expectativas ni procedimientos bien definidos, se sentirá frustrado.

EMPATÍA

Si en usted resalta el talento Empatía, es una persona capaz de intuir los sentimientos de los demás al imaginarse a usted mismo viviendo la vida o las situaciones de ellos.

- ☐ Valore su don de estar en contacto con las emociones y los pensamientos de los demás. Usted tiene la capacidad innata de ganarse la confianza de las personas diciéndoles que sabe cómo se están sintiendo.

- ☐ Dedique un tiempo a orar en silencio. Es una buena oportunidad para la introspección y para entrar en contacto con su ser interior. Sólo esté atento a sus emociones y pensamientos.

- ☐ Para usted, la misa puede ser algo más que un ritual. Permítase entrar en contacto con el aspecto emocional de las oraciones, los himnos y la Eucaristía. Gracias a su conexión emocional, la presencia de Cristo será real para usted.

- ☐ Aprenda a reconocer los signos que demuestran un exceso de estrés y sepa qué hacer al respecto. Resulta fundamental que sepa cuándo y cómo ponerse a usted mismo en primer lugar.

- ☐ Como puede sintonizarse con los sentimientos del prójimo de forma natural, usted puede ayudar a quienes estén sufriendo una pérdida, ya sea por el fallecimiento de un ser querido o a causa de un divorcio o de enfermedades.

- ☐ Hágase tiempo para ayudar a los demás, ya sean desconocidos que necesitan orientación, un niño que necesita especial atención para aprender a leer o un anciano que no puede cargar sus comestibles.

- ☐ Apadrine a un niño de un país en vías de desarrollo. Existen varias organizaciones que coordinan este tipo de esfuerzos. Pídale información al respecto a su pastor.

☐ Conozca sus límites. No se exija más allá de lo que es saludable. Al conocer sus límites, no perderá el equilibrio y eso contribuirá a que su mundo en general permanezca equilibrado.

☐ Tome nota de oraciones y reflexiones que le surjan a partir de la lectura de la Biblia. Mientras escribe, tal vez descubra que Dios le habla como nunca antes lo había escuchado.

☐ A veces es importante permanecer en silencio. Usted tiene talento para hacerles saber a las personas que entiende cómo se sienten sin necesidad de palabras. Con el tiempo, perfeccione sus destrezas de comunicación no verbal.

EMPRENDEDOR

Si en usted resalta el talento Emprendedor, es una persona llena energía que trabaja arduamente y se siente satisfecha cuando está muy atareada y actúa productivamente.

- ☐ Participe en un programa anual de lectura de la Biblia. Sentirá una gran satisfacción y superación personal a medida que complete las lecturas programadas y al comprobar sus logros a fin de año.

- ☐ Haga una lista de personas, hechos y situaciones que le preocupen y pida por ellos en sus oraciones. Ore por lo que haya incluido en la lista al menos una vez al día.

- ☐ Solicite desempeñarse en algún cargo de liderazgo en su parroquia. Su impulso a lograr resultados ayudará en gran medida a los grupos que dirija.

- ☐ Ofrézcase para organizar un proyecto misionero para su parroquia, ya sea a nivel nacional o internacional. Establezca los objetivos para los integrantes de la misión y haga un seguimiento de sus logros.

- ☐ Ofrézcase para colaborar con la planificación del retiro anual de la parroquia. Podrá ayudar a lograr que sueños abstractos se conviertan en objetivos alcanzables con pasos conmensurables.

- ☐ ¿Qué entiende usted por madurez espiritual? ¿Qué características de madurez espiritual ha observado en los demás? Haga una lista de sus objetivos con respecto a su madurez espiritual y lleve un registro de su progreso a medida que alcanza esos objetivos.

☐ Como a usted le agrada trabajar arduamente, valora esta característica en los demás. Cuando participe en algún proyecto de la parroquia, elija trabajar con personas que también sean trabajadoras. Si usted y su equipo crean metas comunes, sentirá una gran satisfacción al cumplirlas y además generará un vínculo en común.

☐ Reconozca que puede llegar a quedar descontento aun después de haber logrado algo. Dadas sus capacidades innatas, esa es la forma en que Dios lo impulsa a seguir avanzando. Al concentrarse en su crecimiento espiritual, su necesidad de lograr objetivos lo empujará hacia ese crecimiento.

☐ Usted siente como si todos los días comenzaran de cero. Por eso, es necesario que recuerde celebrar lo que haya logrado. Deténgase un momento a apreciar sus logros. Mañana podrá mirar hacia delante. Hoy celebre. Incluso Dios, cuando creó el universo, se tomó el tiempo necesario para ver que lo que había hecho "era muy bueno".

☐ Procure impedir que su "lista de pendientes" pase a ser su prioridad. Recuerde que esa lista es un medio para lograr sus objetivos y no el objetivo en sí mismo. Lleve un registro de sus logros personales. Esto lo ayudará a aplicar de manera positiva su talento Emprendedor en su vida espiritual, social y familiar.

ENFOQUE

Si en usted resalta el talento Enfoque, es una persona capaz de trazar un camino, recorrerlo y hacer las correcciones necesarias para mantener el rumbo. Usted primero define sus prioridades, luego actúa.

☐ Comience cada día dando las gracias por todas las personas que tendrán una influencia en su vida y cuyas vidas, a su vez, usted transformará, ya se trate de personas cercanas o lejanas.

☐ Exprese su gratitud por una, dos o tres cosas que hayan influido positivamente en usted durante el día. Aunque haya tenido un pésimo día, pídale a Dios que lo ayude a darse cuenta de la presencia divina durante esa jornada. Esto lo ayudará a volver a enfocarse en los aspectos positivos de su vida: los aspectos que a la larga lo convertirán en una persona más eficiente.

☐ Participe en un programa anual de lectura de la Biblia. Sentirá una gran satisfacción y superación personal a medida que complete las lecturas programadas y al comprobar sus logros a fin de año.

☐ Ofrézcase como voluntario para participar en comisiones o grupos de trabajo que tengan la misión de lograr objetivos complejos e importantes. Su talento Enfoque ayudará a las personas a reparar en los detalles que son relevantes y mantener al equipo bien encaminado.

☐ En relación con su crecimiento espiritual, ¿cuáles son sus objetivos para la próxima semana, el próximo mes o el próximo año? ¿Lo están ayudando a cumplir dichos objetivos sus actividades y su forma de vivir? Su capacidad de establecer prioridades lo ayudará a determinar los pasos a seguir para lograr su objetivo y a eliminar de su vida todo aquello que esté "de más".

☐ Ofrézcase para participar en el equipo encargado de las relaciones con la comunidad. Podrá contribuir a que el grupo defina los objetivos de crecimiento y establezca las prioridades a fin de alcanzar esos objetivos.

☐ Acostúmbrese a orar a la misma hora todos los días. Sean cinco minutos o una hora, dedique un tiempo exclusivo para fecundar su relación con Dios. Deje que la oración se adapte a su estilo. Permítase cambiar la forma en que utiliza este tiempo si necesita variedad. La clave está en formarse el hábito de que Dios sea parte de su vida cotidiana, ya sea en la tranquilidad de su hogar o mientras sale a pasear en bicicleta, va al trabajo, lava los platos o se toma un café.

☐ Su aporte más importante como miembro de los equipos o comisiones de la parroquia puede ser el de ayudar a otros a establecer metas. Al final de cada reunión, encárguese de resumir las decisiones tomadas, de determinar cuándo se pondrán en práctica dichas decisiones y de programar una fecha para que el grupo se vuelva a reunir.

☐ Tómese el tiempo para sentar sus metas de crecimiento espiritual por escrito y consúltelas a menudo. De esta manera, sentirá que tiene un mayor control sobre su vida. Cuando se proponga un objetivo, impóngase la disciplina de acompañarlo con plazos e indicadores. Esto le servirá para medir su progreso con respecto al objetivo en cuestión.

☐ Identifique cuáles son los modelos que quiere seguir y quiénes son sus "héroes de la fe". Escriba detalladamente por qué quiere que su vida se centre en actos, actitudes y un grado de fidelidad similares a los de ellos.

EQUIDAD

Si en usted resalta el talento Equidad, es una persona verdaderamente consciente de que se debe tratar a todos por igual. Usted se esfuerza por tratar a todo el mundo con equidad mediante la implementación y el acatamiento de reglas claras.

☐ Haga una lista de las normas de equidad que le sirven de guía en la vida: su propia lista de "leyes espirituales". Estas normas pueden fundamentarse en ciertos valores que usted tiene o en ciertas verdades que considera "no negociables" en su fe católica. Por más extraño que parezca, cuanto más claras tenga estas normas, más cómodo estará con la individualidad dentro de esos límites.

☐ Su crecimiento espiritual será mayor en un entorno de fe en el cual las expectativas estén claramente definidas y las normas se apliquen con igualdad. ¿Cómo caracterizaría a su parroquia en lo que respecta a las expectativas y normas?

☐ En su opinión, las normas no son una carga pesada, sino una útil bendición. Lo mantienen en el camino correcto. ¿Cuáles son las normas más esenciales que usted respeta para permanecer en el camino espiritual correcto?

☐ En lo que se refiere al cumplimiento de las normas, tal vez usted sea más exigente que la mayoría de la gente. De ser necesario, de cuando en cuando recuérdese a sí mismo que las relaciones son más importantes que las normas y que las normas son un medio, no un fin.

☐ Usted cree que se debe tratar a todas las personas por igual, y es sensible a la desigualdad y la injusticia. ¿Conoce a alguien en su comunidad o en su parroquia cuyos derechos hayan sido atropellados por cuestiones de raza, sexo, edad, o nivel socioeconómico o académico? ¿Cómo puede brindarle apoyo a esa persona o grupo?

☐ Probablemente usted se siente más a gusto en situaciones y entornos en los cuales se llevan a cabo tareas concretas o se toman decisiones acerca de políticas, en vez de lugares donde se debate sobre lo abstracto o teórico o sobre resultados a largo plazo.

☐ A usted le resulta más fácil pensar en términos grupales que individuales. Usted ve el bosque mejor que el árbol. En medio de la diversidad, utilice su conciencia acerca de la igualdad y ayude a desarrollar políticas y procedimientos organizativos para crear un campo de juego parejo en la parroquia.

☐ Usted cree que todas las personas deben ser tratadas de la misma manera. ¿Puede llegar a haber excepciones a esta regla? ¿En qué situaciones podría ser más conveniente individualizar que generalizar? ¿En qué circunstancias sería correcto usar la palabra "depende"?

☐ Su enfoque justo, equilibrado y coherente puede llegar a tranquilizar y contener emocionalmente a muchas personas cuyas vidas son caóticas. Usted podría ser un pilar sólido y estable que sirva de punto de apoyo para los demás.

☐ Hágase la reputación de ser una persona que señala a quienes en realidad se merecen el crédito por algo. Asegúrese de que siempre se les dé el debido reconocimiento a quienes verdaderamente realizaron un trabajo. Usted puede llegar a ser reconocido como "la conciencia" de su parroquia.

ESTRATÉGICO

Si en usted resalta el talento Estratégico, es una persona que genera formas alternativas de hacer las cosas. Ante una determinada situación, puede usted distinguir patrones y otros temas pertinentes sin dilaciones.

☐ Busque oportunidades para poder "entrar" y "salir" de comisiones y grupos de trabajo que tengan las metas definidas, pero que, a su vez, necesiten ayuda para determinar los pasos que deben seguir para alcanzar dichas metas.

☐ Analice la Biblia para aprender de qué manera los hombres y las mujeres de fe reaccionaron ante los desafíos que la vida les planteó. Así tendrá más soluciones posibles entre las cuales elegir cuando se enfrente a situaciones similares. Luego podrá seguir adelante.

☐ Hay muchas opciones disponibles para mejorar su crecimiento espiritual: libros, libros de oraciones, calendarios de lecturas bíblicas, textos con "diez pasos sencillos para...". Con todas estas opciones en mente, elija la más apropiada para usted. Siga su intuición y no tenga miedo de modificar su estrategia al encontrarse con ideas nuevas.

☐ Usted puede resultar buen consejero de aquellos que deben tomar decisiones difíciles. Puede ayudarlos a sopesar las opciones y a elegir el camino más conveniente.

☐ Ofrézcase a participar en el equipo de planeamiento estratégico de la parroquia. Su talento natural ayudará a que el equipo evalúe todas las posibilidades existentes y tome decisiones productivas y eficaces con respecto al futuro de la parroquia.

☐ Si además tiene un talento Desarrollador o Individualizar excepcional, quizá le interese apadrinar, o amadrinar, el grupo de adultos de su parroquia que se preparan para el bautismo. Su talento Estratégico les permitirá a esas personas descubrir las mejores oportunidades de crecimiento y servicio, y usted crecerá a medida que ayude a otros a crecer.

☐ Jesús dijo: "Por eso, no se preocupen del mañana, que el mañana se ocupará de sí..." (Mateo 6, 34). Con la ayuda del talento Estratégico, es usted capaz de determinar con rapidez cuál es el mejor procedimiento para cada situación. Viva en paz. Pase lo que pase el día de mañana, usted siempre podrá salir adelante gracias a los talentos que Dios le ha concedido.

☐ Confíe en su intuición y perspicacia tan frecuentemente como le sea posible. Aunque no pueda explicarlas racionalmente, sus intuiciones surgen porque usted es una persona que anticipa y proyecta por instinto. Tenga confianza en esas intuiciones.

☐ Los momentos de meditación son esenciales para las personas en quienes resalta el talento Estratégico. Tómese un tiempo para reflexionar o pensar sobre la meta que desea alcanzar la parroquia hasta que surjan ante usted patrones y otros temas relacionados con esa meta. Luego comparta esas reflexiones con los líderes de la parroquia.

☐ Hable con su pastor sobre los caminos alternativos que en su opinión podrían tomarse para cumplir la misión de la parroquia. Este tipo de conversaciones pormenorizadas conllevan ventajas enormes para los procesos de planificación de la parroquia y pueden ayudarlo a mejorar aun más su capacidad para anticipar resultados.

ESTUDIOSO

Si en usted resalta el talento Estudioso, es una persona que siente grandes deseos de aprender y de mejorar continuamente. De hecho, es el proceso de aprendizaje, y no el resultado, lo que lo entusiasma.

☐ Participe en cursos de formación en la fe para adultos o en grupos de estudio de la Biblia. Conviértase en experto en sus propias creencias religiosas e interiorícese sobre la historia de la Iglesia.

☐ Satisfaga su necesidad constante de aprender leyendo una lección bíblica diferente cada día del año.

☐ Comparta lo que sabe en seminarios grupales o talleres que realice en su parroquia o con sus grupos de trabajo.

☐ Organice una especie de círculo de lectores que tenga una premisa religiosa. Haga que su grupo se interese especialmente en libros informativos y educativos que hablen sobre fe y espiritualidad. Si Contexto es otro de sus talentos principales, es probable que también le gusten los libros que ofrecen una perspectiva histórica.

☐ Lleve un registro de lo aprendido. Elabore una especie de currículum vítae espiritual con todo lo que haya hecho y aprendido. Compártalo con los demás y tal vez lo consideren una valiosa fuente de consulta.

☐ Averigüe a qué talleres o conferencias puede asistir. Dígales a los demás que le gustaría asistir en representación de la parroquia.

☐ Usted puede ser un catalizador de cambios en su parroquia. Hay quienes se sienten cohibidos ante situaciones, rutinas o ideas nuevas. Sin embargo, el deseo que usted siente por absorber todas esas novedades apacigua los temores de los demás y los alienta a participar. Asuma con seriedad la responsabilidad que esto implica.

☐ Perfeccione la manera en que aprende. Por ejemplo, una forma de aprender mejor es enseñando. Si se decide a hacerlo, busque oportunidades de ponerse al frente de una clase o un grupo reducido dentro de la parroquia. Otra manera sería a través de una reflexión tranquila. Si está de acuerdo con esta idea, haga lo posible por tener ese momento de tranquilidad y absorba todo el conocimiento que pueda acerca de Dios.

☐ Encuentre formas de medir el progreso de su propio aprendizaje. Si el programa de crecimiento espiritual o el curso al que esté asistiendo tienen distintas etapas o niveles de aprendizaje, festeje a medida que vaya avanzando. Si no los tienen, impóngase sus propios niveles o etapas (por ejemplo, leer cinco libros sobre el apóstol Pablo o preparar tres presentaciones sobre las nuevas tendencias en la teología cristiana).

☐ Pregúntele a su pastor qué libros sobre teología o administración parroquial está leyendo en la actualidad y léalos usted también. Al hacerlo, podrá satisfacer su necesidad de aprender, compartir lo aprendido con el pastor y ofrecerle comentarios valiosos al respecto.

EXCELENCIA

Si en usted resalta el talento Excelencia, es una persona que hace hincapié en las fortalezas para estimular a los demás a que alcancen un nivel óptimo tanto en lo individual como en lo grupal. Usted busca transformar algo bueno en algo excelente.

☐ Considere de qué manera sus talentos y sus fortalezas se relacionan con la misión que tiene en la vida y cómo los puede combinar para beneficiar a su familia, parroquia o comunidad.

☐ Evite participar en comisiones parroquiales cuya tarea consista en resolver problemas continuamente. Lo único que logrará es sentirse frustrado. Usted no se desenvuelve bien cuando tiene que arreglar cosas que no funcionan. Prefiere dedicarse a algo que funciona bien para mejorarlo.

☐ Analice el éxito. Descubra por qué algunas parroquias, líderes espirituales y personas comunes y corrientes lograron triunfar.

☐ Cuando ore, agradézcale a Dios los dones que le concedió y pídale que le indique la manera de hacer un uso óptimo de ellos. ¿Cómo puede Dios ayudarlo a alcanzar la excelencia? Lograr la excelencia en su vida, en la vida de los demás y en su iglesia es la ofrenda que usted le ofrece a Dios.

☐ Ofrézcase a elaborar un programa para celebrar los éxitos de la parroquia.

☐ Enfóquese en sus propios dones. ¿Tiene aptitudes para la música? ¿Es buen orador? ¿Posee dotes para el arte? ¿Lo apasiona enseñar? Esas son las áreas que mejor puede llegar a dominar. Piense de qué manera sus dones y sus talentos podrían brindar un beneficio mayor a su parroquia.

☐ Cuando forme parte de un grupo —una comisión, un equipo de trabajo, una clase—, ayude a los demás a reconocer sus propios talentos y fortalezas, y también los talentos y las fortalezas de otras personas.

☐ Una vez que haya identificado sus propios talentos y fortalezas, procure no perderlos de vista. Perfeccione sus destrezas y agregue otras nuevas. Adquiera más conocimientos. Practique. Siga trabajando hasta lograr el dominio —desarrollar una fortaleza— de algunas áreas. Recuerde que Dios lo hizo único e irrepetible.

☐ Trate de encontrar roles en la parroquia que le permitan ayudar a otros a triunfar. En roles relacionados con orientación, dirección, supervisión y enseñanza, su enfoque en las fortalezas resultará particularmente beneficioso para los demás. Por ejemplo, debido a que a la mayoría de las personas les resulta difícil describir lo que hacen mejor, empiece por brindarles descripciones vívidas. Ayúdelas a ver que Dios las hizo únicas e irrepetibles.

☐ Propóngase pasar tiempo con personas que hayan descubierto sus propios talentos. Cuanto más entienda que poner en orden los talentos lleva a desarrollar fortalezas y lograr éxitos, más probabilidades habrá de que disfrute de éxito y fortalezas en su propia vida.

FLEXIBILIDAD

Si en usted resalta el talento Flexibilidad, es una persona que prefiere dejarse llevar por la corriente. Tiende a concentrarse en el presente, toma las cosas como vienen y descubre el futuro en el día a día.

☐ Usted es una persona a la que le gusta el cambio. Puede desempeñarse mejor en tareas a corto plazo o asumiendo roles que surjan en su parroquia de forma espontánea y deban ocuparse de inmediato. Una semana podría vérselo reemplazando a un profesor de catequesis y a la semana siguiente tal vez se ofrezca para servir un refrigerio después de un funeral o quizá acoja a un grupo de jóvenes mochileros en su hogar.

☐ Muchas personas consideran que un pedido de último momento es una interrupción. Pero para usted, que es una persona flexible, estos pedidos son buenas oportunidades de ofrecer sus servicios. Hágales saber a los demás que nunca es tarde para solicitar su ayuda.

☐ Usted vive el momento. No vive en el ayer en el ni mañana, sino en el *hoy*. Usted desea estar completamente sumergido en el aquí y ahora. Para crecer espiritualmente, usted necesita prestar atención a la manera en que vive su fe a cada instante. Su corazón late con fuerza por las experiencias del presente, no por las reflexiones acerca del pasado o las especulaciones sobre el futuro.

☐ No asuma compromisos que se proyecten a un futuro muy lejano. Cuanto más se alejen del presente, más difícil le resultará cumplir con ellos. Lo que ocasionalmente puede parecer un rasgo de procrastinación, en realidad refleja una inmensa cantidad de talento Flexibilidad.

☐ Para usted, la mejor forma de servir a su parroquia es participar en entornos dinámicos y cambiantes. De acuerdo con sus otros talentos dominantes, el rol más adecuado para usted puede ser el de cuidar a niños muy pequeños en la guardería, dirigir el tráfico en el estacionamiento de la parroquia, atender los llamados de una línea permanente de ayuda al suicida o servir a los comensales en el comedor comunitario de su parroquia.

☐ Si bien usted no se preocupa mucho por lo que sucederá mañana —o el mañana sencillamente no le interesa—, su capacidad de vivir el presente al máximo puede serle útil a quienes están planificando su futuro. Su clara conciencia del presente puede ayudar a las personas a clarificar sus planes de progresar en el mañana.

☐ Evite desempeñar roles en la parroquia que exijan estructura y previsión. Estos roles le darán una sensación de frustración casi inmediata, lo harán sentirse completamente incompetente, reprimirán su independencia y además limitarán sus oportunidades de hacer lo que mejor sabe hacer.

☐ Cultive la reputación de ser una persona calma que tranquiliza a los demás cuando se molestan con los sucesos cotidianos. Como usted es "amigo" del cambio, puede ayudar a que las personas se adapten a los cambios que inexorablemente ocurren en la vida y a que puedan convivir con ellos.

☐ Ayude a que las personas que lo rodean puedan disfrutar de cada momento. Ayúdelos a apreciar el presente como un valioso regalo de Dios. Dios no sólo existe en el pasado y en el futuro, sino también en el presente. La eternidad comienza ahora.

☐ Al leer las Escrituras, preste especial atención a las veces en que Dios sorprende a las personas. Comprenderá el asombro y la alegría que traen aparejadas esas sorpresas. Leer acerca de los cambios sorprendentes que Dios ha realizado profundizará su fe y lo ayudará a mejorar su viaje espiritual.

FUTURISTA

Si en usted resalta el talento Futurista, es una persona que se inspira en el futuro y en lo que podría ser. Sus visiones sobre el mañana resultan inspiradoras para los demás.

- ☐ Promueva diálogos periódicos sobre el futuro de su parroquia o súmese a los diálogos ya establecidos. Busque el apoyo de personas cuyos talentos principales también incluyan el talento Futurista. Reúnanse con ellas una vez al mes para conversar exclusivamente acerca del futuro de la parroquia. Para que esa visión compartida se convierta en realidad, asegúrese de convocar a personas en quienes resalte el talento Iniciador, Emprendedor o Enfoque.

- ☐ Estudie la Biblia y preste atención a las promesas de Dios con respecto al futuro: su futuro, el de las próximas generaciones y el de la Iglesia.

- ☐ Ofrézcase para hablar sobre lo que cree que le depara el futuro a la parroquia. Su visión de las posibilidades que tienen por delante servirá de inspiración para los demás.

- ☐ Brinde su ayuda a los que están pasando por momentos difíciles. Muéstreles que existe un mañana lleno de posibilidades más allá de su presente abrumador.

- ☐ Cada vez que su parroquia se embarque en un proyecto ambicioso (como un programa para la construcción de algo) o enfrente un cambio significativo (como la llegada de un nuevo pastor), puede tranquilizar a los demás feligreses describiéndoles una imagen vívida y esperanzadora de lo que sucederá en el futuro como consecuencia de ese proyecto o cambio.

- ☐ Su visión futurista lo motiva a esforzarse para hacer realidad todo lo que imagina. Sin embargo, recuerde que la última palabra sobre el futuro la tiene Dios. Seguramente los discípulos jamás imaginaron que Jesús los llamaría. Pero Dios tenía sus propios planes y los discípulos estaban abiertos a cualquier posibilidad. Tome la iniciativa y marche hacia su futuro, pero esté preparado, porque Dios puede darle algunas sorpresas a lo largo del trayecto. Del mismo modo, esté abierto a la posibilidad de tener que cambiar de planes.

☐ Cuando tenga la oportunidad de hablar sobre el futuro de la parroquia a través de un artículo o una presentación, hágalo con el mayor detalle posible. No todos poseen su intuición para ver el mañana con tanta claridad.

☐ Si no hace más que pensar en las promesas que le depara el futuro, y vive exclusivamente para ello, se perderá de apreciar las maravillas que le ofrece el presente. Dios trasciende las épocas y quiere que usted haga planes para el mañana sin dejar de celebrar el presente.

☐ Cuando en una reunión se discuta largamente sobre la conveniencia de poner en práctica un procedimiento nunca antes utilizado y no se llegue a ninguna decisión, su visión del futuro y las posibilidades que promete puede ser una fuente de motivación para el grupo. Cuanto más vívida y esperanzadora sea su descripción del mañana, más predispuestos estarán todos a dejar atrás el pasado.

☐ Coloque en algún lugar visible imágenes, libros, notas y cualquier otra cosa que le recuerde su objetivo. Esto le permitirá concentrarse en su talento y alcanzar sus metas con mayor eficacia.

IDEAR

Si en usted resalta el talento Idear, es una persona a quien le fascinan las ideas. Tiene usted la capacidad de encontrar vínculos entre fenómenos aparentemente inconexos.

☐ Escriba sus propias oraciones para reflejar sus alegrías y tristezas, como así también sus éxitos y sus fracasos. Anote la fecha en que escribe cada una de ellas. Elija sus oraciones favoritas y arme un libro con ellas.

☐ Todos los días, dedique un tiempo a reflexionar sobre asuntos espirituales. Este momento de reflexión es muy valioso para su crecimiento, porque permite que su mente creativa descubra nuevas maneras de relacionar a Dios con la vida cotidiana.

☐ Ofrézcase para dar un curso sobre distintas tradiciones religiosas. Su talento Idear le permitirá explicar con claridad las complejidades de estas tradiciones y detectar las conexiones que existen entre ellas.

☐ Usted será un integrante valioso de cualquier grupo, comisión o equipo al que se le encomiende la tarea de encontrar maneras nuevas de llevar a cabo distintas tareas: desde los modos de llegar a la comunidad hasta la redefinición de la estructura organizativa de la parroquia y el diseño de un enfoque diferente para dictar las clases de formación cristiana. Su capacidad de ayudar a que las personas vean las cosas desde otro ángulo abrirá la puerta hacia nuevas posibilidades.

☐ Cuando estudie las Escrituras, busque relatos que hablen de innovaciones, de esas ideas importantes y novedosas que Dios propuso en diferentes momentos de la historia. Trate de comprender por qué el movimiento cristiano produjo un distanciamiento radical de las tradiciones de la época. Busque la oportunidad de compartir estas reflexiones con otras personas.

☐ Cada vez que en la parroquia se produzca un desacuerdo o se presente un obstáculo que impida avanzar, usted puede ayudar a destrabar la situación ofreciendo una perspectiva diferente sobre el conflicto, buscando soluciones alternativas y compartiendo su opinión sobre lo que ocurre con los que estén ejerciendo el liderazgo en ese momento.

☐ Cuando haya que organizar celebraciones especiales y fiestas parroquiales, ofrézcase a ayudar al pastor en la elaboración de liturgias y servicios que resulten significativos. Incluya canciones, lecturas, símbolos y momentos tranquilos para reflexionar, como así también oraciones de alabanza, agradecimiento y petición.

☐ Acostúmbrese a mantener una especie de diario con Dios. Haga de esta experiencia algo sagrado y destine una lapicera y un cuaderno en especial para este tiempo que diariamente comparta con el Señor. Dialogue con Dios abierta y sinceramente, y confíe en lo que fluye de su mano y se vuelca en las páginas del cuaderno. Cada dos meses aproximadamente ojee el cuaderno y lea al azar lo que escribió en diferentes días. Busque patrones recurrentes, problemas que hayan podido resolverse y todo lo que le haya provocado paz interior.

☐ Participe en sesiones de lluvias de ideas. Seguramente en su parroquia existen grupos cuya tarea es la de diseñar nuevas maneras de hacer las cosas o perfeccionar los procedimiento que ya están implementados; por ejemplo, la comisión encargada del mantenimiento del edificio, el equipo de planeamiento estratégico, el equipo misionero y de relaciones con la comunidad, sólo por mencionar algunos. Con su abundancia de ideas, usted hará que estas sesiones sean más estimulantes y productivas.

☐ Es factible que usted sea de esas personas que se aburren rápidamente. Por lo tanto, vaya haciendo cambios pequeños en su vida espiritual y en su forma de participar en las actividades y servicios parroquiales. Experimente. Pruebe nuevas maneras de orar, asista a una misa con un estilo diferente del que está acostumbrado, comience a participar en una actividad o servicio en el que nunca haya trabajado antes. Todo esto le servirá de estímulo.

INCLUSIÓN

Si en usted resalta el talento Inclusión, es una persona que acepta a los demás. Usted muestra aprecio por aquellos que se sienten excluidos y hace lo posible por incluirlos.

☐ En su opinión, la Iglesia no es en absoluto un club exclusivo para unos pocos elegidos, sino una comunidad inclusiva a la que todos son bienvenidos. Podría utilizar su talento Inclusión para contactar activamente y abrirles los brazos a quienes no pertenecen a la parroquia e invitarlos a que la visiten.

☐ Cuando alguien ajeno a la parroquia se haga presente, utilice su talento Inclusión para presentarlo a algunos de los miembros. Usted sabe por intuición que nada hace sentir más cómodo a alguien ajeno a un lugar que saber el nombre de quienes acaba de conocer y que, a su vez, esas personas sepan el suyo.

☐ Por su talento Inclusión, usted es consciente de que la mejor manera de convertirse en parte de algo es involucrándose. Puede usted jugar un rol decisivo al ayudar a que los nuevos integrantes de la parroquia dejen de ser espectadores para convertirse en protagonistas, que de consumidores pasen a ser contribuyentes. Podría ser la persona ideal para dar una charla a los recién llegados, cuyo objetivo sea ayudarlos a encontrar su lugar en la parroquia.

☐ Es probable que su talento Inclusión tenga un sabor más universal que local. Como bien sabe, la Biblia afirma que "tanto amó Dios al mundo" y también nos cuenta que Jesús proclamó: "Vayan por todo el mundo". A usted, los excluidos no le resultan indiferentes. Si se integra en el equipo misionero, puede desempeñar un rol clave en la promoción de la diversidad dentro de la parroquia. A su juicio, el color de la piel, el idioma, el sexo, la edad o la raza no deben ser nunca motivos para impedir que la gente se acerque a Dios.

☐ Es probable que usted detecte instintivamente cuando se produce una exclusión. Sabe lo que se siente al ser excluido. Esta capacidad para detectar y comprender la situación puede resultar muy valiosa para aquellos que desean crear un ambiente más abierto y acogedor en su parroquia, una clase o el grupo reducido en el que trabajan. Quizá pueda dar una charla al respecto o hacerles saber a los demás que está dispuesto a aclarar sus dudas individualmente.

☐ Ofrézcase a colaborar en la implementación de una encuesta que incluya a toda la comunidad parroquial. Por su talento Inclusión, usted desea que todas las voces sean escuchadas, y las encuestas son un modo excelente de lograrlo.

☐ Cada vez que asista a una reunión o evento en su parroquia, considérese el encargado oficial de las relaciones públicas. Establézcase el objetivo de hablar con alguien nuevo antes de ponerse a conversar con un amigo o conocido. Esto probablemente no le resultará difícil y ayudará a integrar a los recién llegados.

☐ Por naturaleza, usted siempre intenta ver lo mejor de las personas. Ayude a sus amigos y demás feligreses a ver lo mismo que ve usted: que Dios nos creó a todos a su imagen y semejanza y que nos ama y valora a todos por igual.

☐ Usted podría desempeñarse muy bien en misiones internacionales, porque ve cuáles son las cosas que todos tenemos en común y es capaz de explicarlas. Puede ayudar a los demás a entender que, para respetar las diferencias entre nosotros (la diversidad), uno debe empezar por valorar lo que compartimos (las similitudes).

☐ Cuando estudie las Escrituras, preste particular atención a los relatos y a las situaciones en que Dios o algún personaje bíblico reciben a quienes no conocen con los brazos abiertos y se convierten en defensores de pobres y oprimidos. Estos pasajes estarán en sintonía con usted y ese Dios amigo de los pobres que acepta de buen grado a quienes no conoce enriquecerá su crecimiento espiritual.

INDIVIDUALIZAR

Si en usted resalta el talento Individualizar, es una persona a quien atraen las cualidades singulares de cada persona. Tiene el don de descubrir la forma de hacer que personas totalmente distintas trabajen juntas productivamente.

☐ Forme un grupo de estudio con personas de perspectivas y creencias diferentes. Las diferencias lo apasionarán y disfrutará de la posibilidad de ampliar sus propios puntos de vista.

☐ Conviértase en el mentor de los recién llegados a la parroquia. Usted tiene la habilidad de detectar de qué disfruta cada persona, qué desea y qué necesita. También puede ayudar a los nuevos feligreses a seguir sus propios caminos.

☐ Ofrézcase a ser el líder de un grupo de trabajo. A usted le resulta fácil descubrir cuál es el rol adecuado para cada persona de acuerdo con las fortalezas y los talentos individuales de cada una de ellas.

☐ Conviértase en experto en describir sus propios talentos y fortalezas. ¿Cuál es el mejor modo de crecer en la fe? ¿Cómo aprende mejor? Si reconoce su propia individualidad, podrá reconocer la singularidad de los demás.

☐ Lea la biografía de grandes líderes espirituales... o de gente común y corriente que triunfó en condiciones muy adversas. Verá cómo lograron tener éxito gracias a sus talentos singulares.

☐ Ofrezca dar un curso sobre "los grandes personajes de la Biblia". Su talento Individualizar hará que estos personajes cobren vida para su audiencia.

☐ Su capacidad para ver una por una a las personas es un talento especial. Dentro de su parroquia, busque oportunidades para servir y ejercer liderazgo en las que su talento Individualizar pueda aplicarse y ser apreciado. Usted podría destacarse como consejero, supervisor, maestro o bien escribiendo artículos con contenido de interés humano para el boletín parroquial o trabajando en la comisión que elige a los candidatos para las distintas tareas dentro de la parroquia.

☐ Esté preparado para ayudar a que los demás entiendan que la verdadera diversidad puede encontrarse en las diferencias sutiles de cada persona, sin importar la raza, el sexo ni la nacionalidad. Al ser consciente de que Dios hizo a los seres humanos únicos e irrepetibles, usted puede hacer que la gente vea la belleza que hay en los demás, la que también es única e irrepetible.

☐ Quizá necesite explicar que lo justo, apropiado y eficaz es tratar a cada persona de manera diferente. Las personas en quienes no resalta el talento Individualizar tal vez no vean las diferencias entre los individuos y pueden llegar a insistir en que el talento Individualizar no es igualitario y, por lo tanto, es injusto.

☐ Ayude a sus amigos de la parroquia a detectar las necesidades y los talentos únicos de quienes los rodean. No pasará mucho tiempo antes de que le pidan ayuda para comprender las actitudes y el accionar de otros.

INICIADOR

Si en usted resalta el talento Iniciador, es una persona que puede hacer que las cosas sucedan transformando los pensamientos en acciones. Suele ser impaciente.

- ☐ Encuentre una causa que sea significativa para usted. Si su parroquia ya está involucrada en una causa de su interés, participe en ella. Si no está involucrada, usted es la persona ideal para iniciar este compromiso.

- ☐ Lleve un registro de sus logros diarios o semanales. Como uno de sus talentos principales es Iniciador, usted sabe que las personas no lo juzgarán por lo que diga o piense, sino por lo que logre hacer realidad.

- ☐ Considere asociarse con otros feligreses que tengan los talentos Estratégico, Analista o Futurista. Lo ayudarán a prever situaciones y planificar por anticipado.

- ☐ Intente formar parte de equipos que estén orientados a la acción. Trabajar en una comisión típica de una parroquia le resultará aburrido. Su sentido de la urgencia puede ser un factor fundamental para implementar los cambios deseados.

- ☐ Actúe conforme a su intensidad, pidiendo que se actúe cuando usted sea parte de un grupo. Usted tiene el talento de hacer que un grupo sortee los obstáculos.

- ☐ Si, además de Iniciador, también tiene los talentos Relación o Carisma, puede llegar a ser un excelente encargado de formar los grupos de la parroquia o los cursos de formación religiosa para adultos.

☐ Busque oportunidades para tomar sus propias decisiones y actuar de acuerdo con ellas. En particular, trate de involucrarse en situaciones que impliquen empezar de cero, como dar comienzo a una nueva actividad, programa o curso. También puede ayudar a renovar programas que han perdido su fuerza inicial, pero que aún son importantes para la misión de la parroquia.

☐ Su crecimiento espiritual está más ligado al hecho de actuar que al diálogo o la reflexión. Admita que las típicas clases de educación religiosa para adultos quizá lo aburren y no permita que nadie lo haga sentir culpable por esto. Su crecimiento espiritual será mayor si pone en práctica los principios de la Biblia. Por ejemplo, ofrézcase para trabajar en un refugio para personas sin hogar, realice un viaje breve como misionero para construir una escuela en América Central o trabaje en un centro gratuito para la atención de la salud.

☐ Hay quienes tal vez lo subestimen y lo tilden de impaciente e impulsivo. Así era Pedro y no por eso Jesús dejó de elegirlo como líder cuando dijo: "Pues yo te digo que tú eres Pedro y sobre esta piedra construiré mi Iglesia..." (Mateo 16, 18). Sin embargo, reconozca que puede cometer algunos errores y esté preparado para pedir disculpas por ellos y repararlos. También considere asociarse con personas cuyos talentos principales sean Estratégico, Prudente y Responsabilidad. Esos talentos pueden ayudarlo a evitar errores.

☐ Reconozca que a veces su insistencia puede llegar a intimidar a los demás. Puede suavizar esta característica si recuerda que Dios se manifiesta especialmente a través de las relaciones: no deje que su impulso a actuar perjudique sus vínculos con los demás.

INQUISITIVO

Si en usted resalta el talento Inquisitivo, es una persona que siempre ansía saber más. Seguramente le gusta recopilar y archivar todo tipo de información.

☐ Evalúe la posibilidad de hacer un viaje a Tierra Santa, el Medio Oriente o el Mediterráneo. Es probable que su fe se refuerce cuando recorra y vea con sus propios ojos los lugares que se mencionan en los relatos bíblicos y en la historia de la Iglesia.

☐ Por su curiosidad natural, usted es un investigador incansable. Ofrézcase para ayudar con las investigaciones a aquellos que deban hablar o dictar un curso sobre un tema que no dominan. Los recursos que usted les brinde —como datos interesantes y relatos pertinentes— les resultarán muy valiosos y de gran ayuda.

☐ Es probable que usted cuente con una buena cantidad de material y de libros religiosos que le hayan servido para enriquecer su propia vida espiritual. Considere la posibilidad de desarrollar un sistema que le permita compartir ese material con los demás.

☐ Quizá disfrute de trabajar como voluntario en la biblioteca de su parroquia, si es que hay una. Si no la hay, usted podría ser la persona indicada para impulsar su creación.

☐ Su capacidad para reunir y recopilar información lo convierten en un colaborador natural del boletín o el sitio Web de la parroquia. Podría ayudar a las personas a informarse sobre lo que pasa tanto dentro como fuera de la parroquia.

☐ Para crecer, es necesario saber. Uno debe conocer todo sobre la fe que profesa. Leer sobre los detalles del catolicismo, entrevistar a miembros antiguos de la parroquia o comprender todos los factores que contribuyeron a los momentos decisivos de la fe cristiana, todo eso profundizará su fe y enriquecerá su vida espiritual.

☐ Acepte que nunca estará conforme con lo que sabe, pero no deje que eso lo paralice y le impida hacer cosas. Aprenda a determinar cuándo sabe lo suficiente como para actuar. Si se asocia con alguien cuyo talento principal es Iniciador o Emprendedor, podrá contribuir a lograr cosas importantes para Dios.

☐ Es probable que otros terminen necesitando lo que usted recopila, ya sean libros, ideas o información. Esté dispuesto a compartir ese material.

☐ Identifique situaciones en las que pueda compartir con otras personas la información que ha recopilado. Por ejemplo, podría formar un grupo de estudio reducido o dar una charla sobre un tema en particular en su parroquia. Aunque no sea el líder del grupo, la información que usted se haya encargado de reunir servirá para ampliar el tema que se esté tratando.

☐ Cuando estudie las Escrituras, compare distintas traducciones e interiorícese sobre el proceso de traducción de cada edición. Las discrepancias en la interpretación y en el sentido de lo que dice la Biblia le resultarán fascinantes y le permitirán una apreciación mucho más profunda del texto.

INTELECTUAL

Si en usted resalta el talento Intelectual, es una persona que se caracteriza por su actividad intelectual; es introspectiva y disfruta de las discusiones intelectuales.

☐ Planifique tomarse con cierta frecuencia momentos dedicados a la reflexión, la introspección o la meditación. Le resultarán muy provechosos.

☐ Haga una lista de los temas que más le preocupen y/o de los libros que esté leyendo.

☐ Lleve un registro de sus ideas sobre temas o conceptos importantes o comuníqueselas a los demás, ya sea en forma oral o por escrito. De este modo, sus pensamientos le resultarán más claros y podrán seguir desarrollándose.

☐ Formule inquietudes profundas y filosóficas que quizá los demás hayan pasado por alto.

☐ Ofrézcase a reseñar y recomendar libros y artículos que los miembros de su parroquia harían bien en leer.

☐ Únase a personas que puedan ayudarlo a convertir sus ideas y pensamientos en medidas prácticas y concretas. Tenga en cuenta a personas en quienes resalte el talento Iniciador, Estratégico o Emprendedor.

☐ Comparta sus ideas con los maestros de nivel primario de la parroquia. Los ayudará a anticipar las preguntas de los alumnos y a profundizar más en los temas que enseñan.

☐ Una vez al año, haga un retiro prolongado para estar en soledad. Eso le dará energía y cuando regrese se sentirá preparado para llevar sus ideas a la práctica.

☐ Lleve un registro de sus pensamientos. Eso hará que le resulten más claros y lo incitará a seguir reflexionando.

☐ Utilice su intelecto para hacer un análisis a fondo de algún problema o asunto crítico que su parroquia necesite resolver.

MANDO

Si en usted resalta el talento Mando, es una persona con presencia. Usted puede asumir el control de una situación y tomar decisiones.

☐ Cuando el camino se vuelve escabroso, los fuertes siguen avanzando. Si surge una crisis o un conflicto en su parroquia, involúcrese. Cuando sucedan este tipo de cosas, las personas probablemente acudirán a usted, ya que las situaciones difíciles sacan a la luz lo mejor de su persona.

☐ Busque oportunidades en las que pueda liderar. Es muy probable que se sienta más cómodo y sea más eficiente si usted mismo "pilotea" la situación. La gente lo seguirá porque su fortaleza espiritual brinda confianza e inspiración, y su capacidad para tomar decisiones frecuentemente aportará claridad y sentido del rumbo.

☐ A menudo usted tiene el coraje de decir lo que otras personas sólo se atreven a pensar. En su opinión, todo es más fácil si las cosas se dicen de frente y abiertamente. Por eso, no anda con rodeos. Piense en situaciones en que se debe decir la verdad; probablemente usted sea la persona más indicada para hacerlo.

☐ Usted tiene un poder emocional innato que puede ser explosivo; es decir, el poder de quitar del camino los obstáculos indeseados. Sus "explosiones" pueden ser constructivas o destructivas. Una explosión constructiva moviliza aquello que está bloqueado o que impide el progreso. ¿Qué obstáculos y barreras impiden el progreso de la fe de una persona o de las actividades de su parroquia? ¿Cuál sería el lugar estratégico para provocar una explosión?

☐ Usted ya sabe cómo ser fuerte, por lo que tal vez sea conveniente que reflexione sobre posibles maneras de incorporar un poco de ternura a

207

su fuerza emocional. No todas las situaciones constituyen una crisis o un conflicto que requieren la ignición de su poder e intensidad emocional. ¿Posee otros talentos que complementan su coraje con ternura y evitan que su auto-confianza se vuelva agresiva u ofensiva?

☐ Estudie algunos relatos de la Biblia que contengan enseñanzas sobre el coraje y la cobardía. Lo ayudarán a entender el valor del don que usted tiene y las responsabilidades que él conlleva.

☐ Pregúnteles a las personas qué opinan. A veces su franqueza puede resultar intimidante y, por ende, hacer que los demás se comporten con cautela por temor a su reacción. Sea precavido en ese sentido. Si es necesario, explique que usted es franco simplemente porque se siente muy incómodo cuando reprime algo y no porque quiera silenciar a los demás por medio del temor.

☐ Aproveche las oportunidades que se presentan en su parroquia para hablar clara y directamente sobre temas delicados. Que usted no esté dispuesto a esconderse de la verdad puede convertirse en una fuente de fortaleza y congruencia ante los ojos de los demás feligreses. Haga lo posible por ser reconocido como una persona franca.

☐ Encuentre una causa en la que crea y respáldela. Puede llegar a descubrir que se desempeña mejor defendiendo una causa ante la presencia de resistencia.

☐ El talento Mando conlleva presencia. Usted puede hacerles creer a las personas que son capaces de realizar lo que para otras es imposible. Su talento Mando puede ser muy valioso cuando su parroquia sea llamada a lograr un objetivo elevado.

ORGANIZADOR

Si en usted resalta el talento Organizador, es una persona con una gran capacidad de organización que se complementa con una dosis de flexibilidad. A usted le gusta descubrir cómo deben organizarse todos los elementos y recursos para obtener la máxima productividad.

- ☐ Piense en todo aquello de lo que Dios le permite ser parte. Piense en todo lo que logra en un solo día. Tómese el tiempo para dar gracias a Dios por ayudarlo a hacer todo lo que hace.

- ☐ ¿Cuántas cosas le gusta hacer al mismo tiempo? ¿De cuántas actividades de la parroquia puede encargarse simultáneamente sin dejar se ser eficiente? A usted le encanta ocuparse de varias cosas a la vez, pero para asegurarse de mantener la calidad de su trabajo, tiene que saber cuál es el volumen de proyectos o responsabilidades que puede manejar.

- ☐ Ofrézcase para poner en práctica su versatilidad. Colabore con las comisiones parroquiales que se embarcan en grandes proyectos: puede ayudarlas a administrarlos. Dada su capacidad para distinguir cuál es la forma más eficaz de completar un proyecto, tal vez no se conforme sólo con cumplir las tareas designadas por otras personas. Incorpórese a una comisión o grupo que participe en la toma de decisiones.

- ☐ ¿Cómo puede ayudar a alguien que se siente abrumado por todas sus tareas? Ayude a instaurar la calma en las personas o situaciones. Hágales saber a esas personas cómo imagina que se resolverán las cosas. Tal vez usted pueda ver la realidad con mayor claridad.

- ☐ Su talento en materia de logística puede ser muy útil para dirigir las operaciones de la parroquia. Trate de desempeñarse en roles relacionados con esa área.

☐ Si usted es bueno para los números, considere ofrecerse como voluntario para cumplir funciones relativas a las operaciones financieras de la parroquia. Su talento Organizador lo ayudará a hallar formas de implementar proyectos y programas sin obstáculos financieros.

☐ El hecho de que sea flexible no implica que sus prioridades y valores cambien constantemente. Si alguien cuestiona su proceder, explique que sus valores y prioridades siempre son los mismos, y que sencillamente está buscando mejores formas de implementarlos.

☐ Conozca y comprenda la misión, la visión y los valores de su parroquia. Gracias a su talento, puede ayudar a que los pastores encuentren nuevas y mejores formas de cumplir con su misión con mayor eficacia.

☐ Es posible que su crecimiento espiritual no se ajuste a una rutina fija, aun cuando todos los días le dedique un tiempo a ese crecimiento. Usted constantemente probará distintos métodos, programas y estrategias, y elegirá el que mejor se ajuste a sus necesidades en ese momento. A medida que cambien las circunstancias de su vida, también lo harán sus prácticas espirituales.

☐ Al leer las Escrituras, preste especial atención a los relatos acerca de cómo Dios y otras personas encontraron "un camino mejor". Desde la creación hasta la alianza, desde la crucifixión hasta la resurrección, desde el apóstol Pablo hasta "un cielo nuevo y una tierra nueva", la Biblia abunda en ejemplos de cómo se pueden hallar mejores caminos para llegar a las personas con el amor de Dios, que transforma nuestras vidas. Esos relatos reafirmarán su talento y su crecimiento espiritual.

POSITIVO

Si en usted resalta el talento Positivo, es una persona con un entusiasmo contagioso. Es optimista y puede entusiasmar a los demás con respecto a lo que se propongan.

☐ Hágase de amigos que amen la vida tanto como usted. Ellos lo apoyarán y elevarán su espíritu.

☐ Las personas con actitudes negativas o derrotistas, o que se comportan de esa manera, lo agotan. Pero no rehúya su compañía ni evite compartir con ellas su talento Positivo. ¡Ellas necesitan el empuje que usted brinda naturalmente!

☐ Empiece a coleccionar anécdotas, frases positivas y los versículos de la Biblia que más le gustan. Eso lo ayudará a concentrarse en los aspectos positivos cuando tenga que enfrentar situaciones adversas. Estas cosas positivas también le permitirán modificar el tono de las reuniones parroquiales en las que sólo se escuchen quejas.

☐ Cuando los demás se desanimen o se muestren reacios a correr riesgos, trate de hacerlos pensar en positivo. Su actitud los motivará a seguir adelante.

☐ Ayude a organizar las celebraciones de la parroquia. Su talento Positivo hará que el equipo organizador dé mayor importancia a la diversión.

☐ Elija participar en servicios que le permitan dar ánimo a otros, como dictar clases de educación religiosa, acompañar y apoyar a los nuevos miembros de la parroquia o colaborar con el trabajo misionero que se realiza en las cárceles.

☐ A la hora de escoger un curso o grupo de estudio para sumarse, decídase por uno en que el líder tenga una actitud positiva y en que la diversión se combine con el aprendizaje. La seriedad excesiva hace que su ánimo decaiga e inhibe su crecimiento. "…al Señor le gusta que estén fuertes" (Nehemías 8, 10).

☐ Usted tiende a ser una persona más entusiasta y más llena de energía que la mayoría de la gente. Tiene un talento muy valioso que puede aportar a la vida de la parroquia. Cuando los demás se desanimen o se muestren reacios a correr riesgos, su actitud les dará el ímpetu necesario para que sigan adelante. Con el tiempo, las personas empezarán a acudir a usted para que les dé ese "impulso".

☐ Ayude conscientemente a los demás para que puedan ver las bendiciones que Dios ha puesto en sus vidas, como también las cosas en las que les está yendo bien. Usted puede lograr que vean el lado positivo de las cosas. Recuerde al compañero de Pablo, Bernabé, cuyo nombre significaba "consolado" (Hechos 4, 36). Nunca subestime el efecto que usted puede llegar a tener sobre las personas.

☐ Esté preparado para explicar que su entusiasmo no es simple ingenuidad. Usted sabe que las cosas malas pueden ocurrir, que hay sufrimientos y tragedias en el mundo, pero sencillamente prefiere concentrarse en las cosas buenas y en las obras positivas de Dios sobre la Tierra. Es probable que a veces los pesimistas tengan razón, pero muy rara vez Dios alcanza sus logros más importantes a través de ellos.

PRUDENTE

Si en usted resalta el talento Prudente, es una persona que toma decisiones o hace elecciones con extremo cuidado. Usted se anticipa a los obstáculos.

☐ Identifique las amenazas que puedan dañar su salud espiritual o impedir su crecimiento. Siga los pasos necesarios para diseñar cuidadosamente un plan que lo proteja contra esas amenazas.

☐ Calcule cuánto tiempo necesita para tomar decisiones personales importantes. Analice una de sus decisiones más prósperas. ¿Qué factores contribuyeron al éxito de esa decisión? Intente reproducir esos factores en sus decisiones futuras.

☐ Ofrezca sus servicios a lo grupos que toman decisiones importantes. Usted puede identificar posibles riesgos y escollos.

☐ Ayude a las personas a tomarse el tiempo necesario para considerar todos los pormenores y factores importantes que implica el tomar una decisión sabia y responsable.

☐ Eríjase en "abogado del diablo" deliberadamente. Sus preguntas harán reflexionar a los demás y los ayudarán a tomar mejores decisiones.

☐ Propóngase conocer a quienes viven cerca de su casa o trabajan con usted. No permita que la cautela que lo caracteriza le impida relacionarse con otras personas. Tenga en cuenta que este proceso le llevará un tiempo. Dese el tiempo necesario.

☐ En su opinión, siempre es mejor prevenir que curar. En consecuencia, en general le resultará más fácil impedir algo que fomentarlo. Es más probable que usted peque por omisión que por acción, por eso debe procurar impedir que su naturaleza cautelosa le impida actuar cuando es necesario.

☐ A veces las personas y las organizaciones carecen de límites, lo cual puede ser peligroso. Usted puede actuar como freno para que disminuyan la velocidad y así evitar accidentes trágicos.

☐ En épocas de cambio en su parroquia, considere las ventajas de actuar de manera conservadora a la hora de tomar decisiones. Esté preparado para explicar estas ventajas cuando se lo soliciten.

☐ Sea cual sea su rol, asuma la responsabilidad de ayudar a los demás a reflexionar sobre las decisiones que deben tomar. Como es capaz de ver los pormenores de un asunto en los que otros no reparan, muy pronto las personas acudirán a usted para comunicarle sus ideas y consultarle decisiones.

RELACIÓN

Si en usted resalta el talento Relación, es una persona que disfruta de establecer vínculos estrechos con los demás. Encuentra una profunda satisfacción al trabajar arduamente con amigos para lograr un objetivo.

- ☐ ¿Cómo hace para mantenerse en contacto con personas a las que conoce, ya sea individualmente o dentro de un grupo? Fíjese el propósito de reunirse o estar comunicado con la gente de su parroquia.

- ☐ Cuando trabaje con otras personas, hágase un tiempo para conocerlas personalmente. Resérvese un tiempo después de misa para hablar con los demás feligreses. Si no sabe cómo iniciar la conversación, piense de antemano algunas preguntas para hacerle al otro.

- ☐ ¿Quién es su amigo más antiguo? Converse con esta persona y comparta con ella sus sentimientos y creencias acerca de la espiritualidad.

- ☐ Es probable que no se sienta cómodo en grupos de estudio o de adoración numerosos. Pida participar en grupos con menos integrantes, en actividades más íntimas en las que su talento Relación pueda florecer.

- ☐ Ofrézcase a coordinar pequeñas reuniones sociales para la gente de su parroquia.

- ☐ Recuerde dar gracias a Dios y orar por sus amigos.

- ☐ Entre quienes lo rodean, busque personas en las que resalte particularmente el talento Carisma. Si no se siente seguro para entablar una relación con otros feligreses, ellas pueden establecer el primer contacto y luego usted podrá profundizar el vínculo. Recurra a los talentos de esas personas cuando se encuentre con desconocidos o con gente que apenas conoce.

☐ Entérese de todo lo que pueda sobre la gente que conozca en la parroquia. A usted le gusta saber sobre las personas y a las personas les gusta que se sepa sobre ellas. Usted será un catalizador de relaciones basadas en la confianza.

☐ Demuestre que su interés es genuino. Por ejemplo, colabore para que los integrantes de un grupo de estudio puedan conocerse mejor y no limite sus relaciones con los demás a las charlas después de la misa de los fines de semana.

☐ Recuerde que la mayoría de los cambios en la vida se dan a través de las relaciones con los demás y que uno de los pilares de la fe cristiana es el deseo de Dios de entablar una relación con todos y cada uno de los seres humanos. Los relatos bíblicos que tratan de relaciones profundas, como la de David y Jonatán o la de Jesús y sus discípulos, le resultarán particularmente significativos.

RESPONSABILIDAD

Si en usted resalta el talento Responsabilidad, es una persona que asume, desde lo psicológico, un compromiso sobre lo que promete. Está comprometida con valores estables, como la honestidad y la lealtad.

☐ Para crecer espiritualmente, usted necesita "vivir" su fe. Comprométase a realizar actos de amor al prójimo: entregar y servir comida en un refugio para personas sin hogar, colaborar como voluntario en un hospital o ayudar a quienes cuidan a enfermos terminales. Elija las tareas que más sentido tengan para usted.

☐ Forme un grupo de responsabilidad mutua o súmese a uno que ya esté formado. Los integrantes de estos grupos se ayudan entre sí para cumplir su compromiso de seguir el camino de Dios. El hacerse cargo de las cosas ante uno mismo y los demás no es algo para temer, sino más bien para disfrutar. Esta responsabilidad le permitirá crecer.

☐ Asuma personalmente la responsabilidad de reservar un tiempo para dedicarlo exclusivamente al desarrollo de su relación con Dios. Encuentre el entorno y el método que le resulten más afines y asegúrese de cumplir este compromiso todos los días. Ser consecuente con él le proporcionará mucha satisfacción.

☐ Para usted, asumir un compromiso financiero con su parroquia representa un medio eficaz de crecimiento espiritual. Respetar ese compromiso todas las semanas constituye una fuente de satisfacción y crecimiento para usted, en especial porque sabe que así ayuda a financiar los servicios que brinda su parroquia. Si todavía no lo está haciendo, considere la posibilidad de aumentar el monto de su contribución año a año hasta que sea equivalente al diez por ciento de sus ingresos (lo que se llama "diezmo").

217

☐ Cuide de no hacerse cargo de demasiadas cosas. Usted necesita poder llevar a término todas y cada una de las responsabilidades que asume; de lo contrario, se sentirá como si hubiera fracasado. Elija áreas de servicio que lo apasionen y para las que tenga talento.

☐ Si otro de sus talentos principales es Carisma o Iniciador, podría encargarse de elegir a las personas adecuadas para desempeñar distintos roles en la parroquia. Su talento Responsabilidad no lo va a dejar descansar hasta que haya dado con la persona correcta para cada actividad.

☐ Tómese el tiempo para disfrutar del cumplimiento de sus compromisos. Ser responsable es una fuente de motivación para usted. Por lo tanto, es importante que pueda apreciar los éxitos de los que es responsable.

☐ Considere el ayuno como una disciplina espiritual. Identifique de qué manera el ayuno lo vincula con la gente que sufre en el mundo. Además de privarse de comer, absténgase conscientemente de mirar televisión, ir de compras o realizar otras actividades que le son placenteras para poder concentrarse en "las cosas de Dios".

☐ Trate de descubrir qué es lo que lo aleja de Dios. Usted tiene toda la intención de dedicarle un tiempo a la oración diaria, a leer las Escrituras o a meditar, pero hay algo que distrae su atención. ¿Qué es? ¿El trabajo? ¿La falta de sueño? ¿La televisión? ¿La actividad física? ¿Las compras? ¿La familia? ¿Los amigos? ¿Las tareas domésticas? Asuma personalmente la responsabilidad de "despejar el desorden" y reservarse un tiempo para dedicarlo exclusivamente a Dios.

☐ Proponga actividades parroquiales que promuevan el bienestar físico y mental o súmese a las que ya están en marcha. Busque en la Biblia ejemplos de la relación entre cuidar el cuerpo y cuidar el espíritu. Asumir la responsabilidad de cuidar nuestra salud física es una disciplina espiritual. Y cuando uno se siente mejor, se siente más feliz.

RESTAURADOR

Si en usted resalta el talento Restaurador, es una persona cuya especialidad es enfrentar problemas. Tiene facilidad para descubrir lo que está mal y resolverlo.

☐ Considere la posibilidad de participar en el servicio civil de asesoramiento de su parroquia. Hágales saber a los demás que usted se interesa por su bienestar y está deseoso de ayudarlos a encontrar soluciones a sus problemas.

☐ Piense en colaborar con el servicio civil de mantenimiento de la parroquia. Ponga en práctica su talento para arreglar las cosas en el área que mejor domine, como construcción, plomería, calefacción y refrigeración o iluminación.

☐ Conviértase en defensor de los más desprotegidos en su parroquia. Colabore para que se den a conocer sus necesidades y propicie oportunidades para que otros feligreses puedan ofrecer su tiempo, talento u otros recursos para ayudar a estas personas.

☐ Cuando estudie las Escrituras, preste especial atención a la manera en que los hombres y las mujeres de fe resolvieron sus problemas. Las soluciones que se les ocurrieron y luego implementaron le servirán a usted de inspiración y lo ayudarán en sus esfuerzos restauradores.

☐ Cree un banco de alimentos en su parroquia u organice contribuciones para el banco de alimentos de su diócesis.

☐ En sus plegarias, pida a Dios que lo guíe en la resolución de problemas: problemas propios y ajenos, de su comunidad y del mundo. A medida que se abra a Dios, podrá ver las soluciones con mayor claridad.

☐ Adopte a una familia en problemas por un lapso determinado. Ofrézcase a ayudar a los miembros de esa familia hasta que puedan recuperarse.

☐ Es posible que, por su naturaleza restauradora, adopte una postura crítica acerca de sus propios talentos. No se torture y admita que sus talentos —tanto los más fuertes como los menos fuertes— son naturales en usted y no podrá modificarlos. Intente aprovechar su talento Restaurador para "reparar" las áreas en las que tiene menos conocimientos o destrezas: usted *puede* adquirirlos. Acepte los talentos que Dios le ha concedido y aprovéchelos al máximo.

☐ Es probable que a veces se sienta abrumado por los problemas que hay en el mundo. ¡Ojalá pudiera resolverlos todos! En esos momentos, recuerde que, en definitiva, usted no puede reparar el planeta por su cuenta. El único que puede sanar el mundo es Dios.

☐ A veces la mejor manera de arreglar las cosas es dejar que cada persona resuelva sus propios problemas. Usted probablemente desee precipitarse y resolverles las cosas a los demás, pero al hacerlo puede estar dificultándoles el aprendizaje. A menudo las lecciones más importantes que aprendemos de Dios surgen de situaciones en las que nosotros mismos logramos hallar las soluciones.

SIGNIFICACIÓN

Si en usted resalta el talento Significación, es una persona que desea ser importante ante los ojos de los demás. Es independiente y desea el reconocimiento ajeno.

☐ Ofrezca su ayuda para dirigir algo importante —muy importante— en su parroquia. Disfrutará de la oportunidad de formar parte de algo tan significativo.

☐ Haga uso de sus conocimientos para colaborar con algún proyecto especial de la parroquia. Si es abogado, póngase a disposición de los feligreses por cualquier consulta legal. Si es docente, colabore en la organización de un evento de capacitación de líderes. Si trabaja como directivo en el área de recursos humanos, ofrézcase para presidir la comisión encargada de elegir al personal.

☐ Si en su parroquia los feligreses comparten sus viajes espirituales durante la misa, ofrézcase a compartir el suyo. Su caso puede servir de inspiración a otros.

☐ Comprométase a donar un diezmo (el diez por ciento de sus ingresos) a la parroquia. Son muy pocos los feligreses que lo hacen, por lo que constituye un modo de diferenciarse de los demás y de honrar a Dios.

☐ Cuando estudie las Escrituras, preste especial atención a los relatos sobre los "héroes de la fe". Fíjese de qué manera utilizaron sus dones y talentos extraordinarios en beneficio de sus comunidades de fe y de todo el mundo. Estos relatos lo inspirarán para alcanzar la grandeza.

☐ No tema soñar en grande. Pregúntese: "Si el tiempo y el dinero no fueran un impedimento, ¿qué obra importante haría yo por Dios?". Luego propóngase hacer realidad la respuesta a esa pregunta y vaya marcando los progresos a medida que avance.

☐ Haga una lista de sus talentos dominantes y reléala con frecuencia. Sus talentos son dones que Dios le ha concedido. Una mayor conciencia de sus talentos le dará la confianza que necesita para componerse cuando, por el motivo que sea, su "público" no reaccione como esperaba usted.

☐ Recuerde que en última instancia lo que verdaderamente importa es la aprobación de Dios y no la de sus pares. A veces lo que uno hace para promover la misión de la parroquia pasa inadvertido para los demás, pero no para Dios. El Señor le dice: "Muy bien, sirviente honrado y cumplidor", y eso es lo único que interesa.

☐ Haga una lista con las metas espirituales que desea alcanzar y colóquela donde pueda verla todos los días. Utilice esta lista como fuente de inspiración.

☐ Acepte que, a menos que posea un talento Auto-confianza excepcional, es probable que le tema al fracaso. No permita que el temor al fracaso le impida actuar en nombre de Dios. Por el contrario, que ese temor se convierta en una oportunidad para confiar plenamente en que Dios hará grandes cosas a través de usted.

ANÉCDOTAS SOBRE EL DESARROLLO DE FORTALEZAS

Una experiencia transformadora

Una mujer que desde hace años concurre a nuestra parroquia se sumó recientemente a uno de los grupos para el desarrollo de fortalezas. Todos nos sorprendimos, porque esta señora siempre venía a misa, se sentaba en un rincón al fondo de la iglesia y se iba en cuanto terminaba la ceremonia. Casi nunca hablaba con nadie.

En la primera reunión del grupo, se hundió en su asiento como esperando que nadie notara su presencia. Con el correr de las semanas, y a medida que íbamos hablando de nuestros talentos, se fue sentando cada vez más erguida. A la cuarta reunión, ya estaba completamente derecha. Fue en ese encuentro cuando comenzó a hablar: "Dios me concedió ciertos talentos. Si los sumo a mi pasión por ayudar al prójimo, tengo todas las condiciones necesarias para encargarme del servicio de atención pastoral. Es algo que de veras deseo. ¿Qué debo hacer para colaborar con en ese servicio?".

Esa tarde fuimos testigos de la gloria de Dios en la vida de uno de nuestros feligreses. Sé que la vida de esa mujer cambió radicalmente. ¡Y sin duda la nuestra también!

Marie Guido
Port Jefferson Station, Nueva York, Estados Unidos

La necesidad de expresar todos los talentos

Deb formaba parte de un grupo al que yo asistía. Para ella, era muy difícil entablar una relación cordial con los demás. Era muy categórica al emitir opiniones y jamás se guardaba nada para sí. Su presencia ponía nervioso al resto del grupo, que hacía lo posible por evitar las discusiones acaloradas.

Cuando nos enteramos de que el talento principal de Deb era Empatía, no lo podíamos creer. Pero después de una sesión orientadora, todo pareció cambiar. Deb se dio cuenta de que su poderoso talento Excelencia era el que la impulsaba a expresar todas sus opiniones, pero tal vez lo más importante sea que también descubrió el gran valor de su talento Empatía.

A medida que fueron pasando las semanas, la tensión desapareció. Deb siguió emitiendo sus opiniones sobre lo que podíamos hacer para mejorar, pero lo hacía demostrando estar en sintonía con el resto del grupo. Semana a semana, ni bien llegaba a la reunión, notábamos los efectos del cambio que se había gestado en su interior. Su expresión era radiante, su aspecto había cambiado, se movía de un modo distinto y se sonreía todo el tiempo. Era libre. Ahora su talento Excelencia le es mucho más útil, porque ha aprendido a expresar sus otros talentos. Descubrir los talentos principales llena la vida de una persona de esperanza y satisfacción cuando más lo necesita.

Kristy McAdams
Lutz, Florida, Estados Unidos

¡Qué alivio!

Hace varios años que Isabella y su marido forman parte del equipo de liderazgo. Hace unos dos años, sin embargo, Isabella nos comunicó que sentía que ya no tenía mucho para dar y se retiró del cargo. En ese momento, también colaboraba con las actividades infantiles, pero tampoco tenía ganas de seguir con eso.

Isabella tiene una vida agitada: es madre de cuatro hijos, de entre seis y trece años, y trabaja medio día como maestra en preescolar. Es muy organizada y da todo de sí en lo que hace.

Cuando nos reunimos para hablar sobre sus talentos, Isabella pensó que iba a tratar de convencerla de que participara en otra actividad más. Se sintió muy aliviada cuando le dije que esa no era mi intención. Ella sintió un alivio mayor cuando vimos que, por sus talentos, era probable que tuviera un mejor rendimiento si se ocupaba de *menos* tareas. Su combinación de talentos principales provocaba que le destinara absolutamente toda su atención a cualquier cosa o persona con la que asumiera un compromiso. Isabella no deja nada librado al azar y le da placer que se produzcan resultados cuando tiene responsabilidad sobre alguna persona o tarea.

Ahora Isabella no siente tanta presión con respecto a los diversos roles que desempeña, en especial a los que desempeña en la iglesia. Contribuye haciendo un uso óptimo de sus talentos principales y tiene un efecto importante en los demás. También se siente mucho más respaldada en su trabajo como maestra de preescolar (en realidad, un servicio que se brinda a las familias). Es más, la comprensión de sus talentos ha tenido una influencia positiva en su matrimonio. La tensión que existía entre ella y su marido por los conflictos que se generaban entre sus compromisos con la iglesia y la vida familiar se ha reducido significativamente. Ahora ambos pueden disfrutar de poner en práctica sus talentos en las áreas que consideran más importantes.

Rob Nicholls
Box Hill South, Victoria, Australia

Un excelente talento Desarrollador

Pamela es una jubilada cuyo esposo falleció hace varios meses. Si bien aún llora la pérdida de su marido, ha estado intentando encontrar un servicio al que pueda dedicarle su tiempo.

Los cinco talentos dominantes de Pamela son Desarrollador, Inquisitivo, Estudioso, Empatía y Conexión. Ni bien tomó conocimiento de cuáles eran sus talentos principales, puso seriamente en duda que de veras tuviera talento Desarrollador. Sin embargo, nos pusimos a hablar y me contó que había trabajado como secretaria en la oficina de un consejero escolar. Me dijo que ella siempre había sido capaz de detectar el lado bueno de los jóvenes y también de ver las posibilidades que tenían en sus vidas. Cuanto más reflexionaba sobre sus experiencias, más claro veía que en realidad había usado su talento Desarrollador sistemáticamente a lo largo de toda su carrera laboral.

Después de rezar para que Dios la guiara en la elección de un servicio apropiado para esta etapa de su vida, decidió convertirse en mentora de niños de nivel básico escolar. Dios ha renovado la vocación de Pamela de creer en el corazón de los niños y de colaborar con su desarrollo.

Kevin Hopkins
Choctaw, Oklahoma, Estados Unidos

CAPÍTULO 6

El descubrimiento
de la vocación

Cuando pensamos en el "llamado de la vocación", nos imaginamos a Dios llamando a alguien a mitad de la noche. También pensamos que esas personas a las que Dios llama son, de alguna manera, especiales —extraordinariamente piadosas— y no seres comunes y corrientes como nosotros. Esta idea se refleja en el pasaje sobre el llamado de Samuel, que se incluye en el Antiguo Testamento:

El niño Samuel oficiaba ante el SEÑOR con Elí. La Palabra del SEÑOR era rara en aquel tiempo y no abundaban las visiones. Un día Elí estaba acostado en su habitación. Sus ojos empezaban a apagarse y no podía ver. Aún no se había apagado la lámpara de Dios, y Samuel estaba acostado en el santuario del SEÑOR, donde estaba el arca de Dios. El SEÑOR llamó: "¡Samuel, Samuel!". Y éste respondió: "¡Aquí estoy!". Fue corriendo adonde estaba Elí, y le dijo: "Aquí estoy; vengo porque me has llamado". Elí respondió: "No te he llamado, vuelve a acostarte". Samuel fue a acostarse...
1 Samuel 3, 1-6

Fíjese que en un principio Samuel no reconoció la voz de Dios: pensó que era Elí, su mentor, quien lo llamaba. Pero después de tres veces (y gracias a la guía de Elí), Samuel pudo finalmente reconocer la voz de Dios, respondió a su llamado y se convirtió en uno de los profetas más importantes de Israel.

Pero el llamado de la vocación no es exclusivo de los píos ni de los santos. Todos tenemos una vocación. Sólo necesitamos descubrir cuál es. La vocación no nos llega a través de un llamado de Dios con voz estruendosa desde las alturas, sino en forma de susurro: la voz de Dios nace en lo más profundo de nuestro interior, en la esencia misma de nuestro ser. Dios sólo pretende que viva la vida para la cual fue creado. *Dios quiere que sea usted mismo.*

Al descubrir sus talentos, usted comienza a descubrir su vocación. Cuando desarrolla y pone en práctica las fortalezas haciendo el mejor uso posible de sus talentos principales, está obedeciendo a su vocación. Ahora bien, ¿cuál cree usted que es su vocación? Tómese un tiempo para reflexionar sobre lo siguiente:

- Atrévase a soñar. Si el tiempo y el dinero no fueran un impedimento, ¿qué haría usted por Dios?

- ¿Qué cosas lo apasionan? ¿Qué es lo que más le gusta hacer?

- ¿Cuáles son sus talentos principales? ¿Cómo podría combinar sus talentos y sus pasiones para obedecer a su vocación?

- Hable con su pastor, el líder del grupo reducido al que usted asiste o alguien de su parroquia que comprenda cómo funcionan las organizaciones que se basan en las fortalezas. Propóngase explorar las distintas formas posibles de combinar sus talentos y las cosas que lo apasionan para poder obedecer a su vocación. No es necesario que esto se dé dentro del ámbito de la parroquia. Uno puede cumplir su vocación colaborando con servicios como los proyectos de alfabetización para adultos, los centros de atención de salud para personas de pocos recursos y las organizaciones como Hábitat para la Humanidad, o como Meals-on-Wheels, que distribuye comida a quienes no tienen la posibilidad de preparársela. Las opciones son infinitas. Y las necesidades de la sociedad también.

EL PODER DEL LLAMADO A LA VOCACIÓN

La Biblia abunda en ejemplos de personas a las que se les encomendó, teniendo en cuenta sus talentos, la misión de promover las ideas que Dios tenía para la humanidad. Uno de esos ejemplos es el caso de Abrán, quien a los 75 años tuvo la valentía de confiar en Dios y abandonar todo lo que había conocido hasta ese entonces para ir a un sitio completamente nuevo para él. Abrán confió en su talento para visualizar el futuro que Dios le había prometido y forjó alianzas estratégicas con gobernantes extranjeros para encontrar su camino en esa nueva tierra.

También está Débora, quien era juez en el antiguo Israel e inspiraba el respeto y la lealtad de los generales del ejército israelí. Aun en circunstancias muy adversas, su talento Positivo generaba confianza en sus seguidores. Su cántico por la acción liberadora de Dios (una de las partes más antiguas del Antiguo Testamento) fue un canto por la victoria de su pueblo.

Gracias a los libros del Nuevo Testamento, sabemos que, cuando recién iniciaba su obra, Jesús recorrió el lago de Galilea y llamó a sus discípulos. Cada uno de ellos era una criatura única con una combinación única de talentos. Eran pescadores, empleados del gobierno, empresarios y estudiantes, todas personas comunes y corrientes como nosotros.

Pedro tenía el talento Iniciador. Era impetuoso y se lanzaba a actuar sin antes pensar bien lo que iba a hacer: era un hombre de acción, que sentía una absoluta devoción por Jesús. Incluso luego de haber cometido el error más grave de su vida (negar que conociera a Jesús), pudo recuperarse, logró ser perdonado, sacó provecho de las cualidades que Jesús había distinguido en él desde un principio... y se convirtió en el líder de la nueva fe.

Tomás era cauto, analítico y siempre tenía preguntas que plantear. Una vez que obtenía las respuestas que quería, les comunicaba a todos la fortaleza de su convicción. Por haber exigido pruebas para creer en la resurrección, se ganó el mote de "Tomás el Incrédulo". Sin embargo, una vez que obtuvo las pruebas que necesitaba, demostró su fidelidad al Señor que amaba hasta dar la vida por él.

Andrés era pescador. Después de recibir el llamado de Dios, dedicó su vida a convencer a la gente para que se acercara a Jesús y pudiera cambiar sus vidas, como le había ocurrido a él. El talento de Andrés para caerle bien a la gente, su talento Carisma, hizo que le presentara su hermano a Jesús... su hermano Pedro.

Usted se parece en muchos aspectos a las personas comunes y corrientes con talentos extraordinarios que pueblan la Biblia. Al igual que ellos, usted también puede encontrar su vocación. Si descubre sus talentos y los une a aquello que lo apasiona, no hay modo de predecir lo que Dios es capaz de lograr a través de usted.

Dios lo creó a usted único e irrepetible y le concedió de manera exclusiva talentos innegables, que son la base de sus fortalezas. Acepte y tenga claro quién es usted, escuche a Dios, celebre los talentos que el Señor le ha concedido, ponga en práctica sus fortalezas. Y empiece a transformar su vida... y también la vida de su parroquia.

Clifton StrengthsFinder®: preguntas frecuentes

Marzo de 2005

Material facilitado por:

Gallup, Inc.
1001 Gallup Drive
Omaha, Nebraska 68102

ESTÁNDARES DE COPYRIGHT

El presente documento contiene datos de investigaciones exclusivas y materiales protegidos por las leyes de propiedad intelectual con derechos registrados a nombre de Gallup, Inc. Su único objeto es el de servir de guía para su organización y no se podrá copiar, citar, publicar ni divulgar a terceros fuera de la organización. Gallup®, StrengthsFinder®, Clifton StrengthsFinder® y cada uno de los 34 nombres de los talentos de Clifton StrengthsFinder son marcas comerciales de Gallup, Inc. El resto de las marcas comerciales son propiedad de sus dueños respectivos.

Este documento es de gran valor tanto para su organización como para Gallup, Inc. Por lo tanto, las ideas, los conceptos y las recomendaciones que contiene este documento se encuentran amparados por las leyes nacionales e internacionales que protegen las patentes, los derechos de propiedad intelectual, las marcas comerciales y los secretos comerciales, y las infracciones a dichas leyes serán debidamente penalizadas.

Toda modificación al presente documento deberá contar con la autorización previa y por escrito de Gallup, Inc.

PRÓLOGO

Al evaluar un instrumento como Clifton StrengthsFinder, deben tenerse en cuenta muchas cuestiones técnicas. Por un lado, están las cuestiones relacionadas con la tecnología de la información y las posibilidades, cada vez más numerosas, que las aplicaciones de Internet les ofrecen a quienes estudian la naturaleza humana. Por otro lado, están las cuestiones relacionadas con lo que se conoce como "psicometría", que es el estudio científico del comportamiento humano a través de mediciones. La evaluación Clifton StrengthsFinder debe cumplir diversas normas, tanto en el ámbito internacional como en Estados Unidos, en cuanto a la aplicación de la psicometría en el desarrollo de pruebas. Por ejemplo, las normas estipuladas en 1999 por la Asociación Estadounidense de Investigación Educativa, la Asociación Americana de Psicología y el Consejo Nacional de Medición Educativa de Estados Unidos (AERA/APA/NCME, 1999). Las preguntas frecuentes sobre Clifton StrengthsFinder incluyen las inquietudes que surgen cuando se ponen en práctica esas normas, como así también las preguntas técnicas que un líder podría formularse sobre la implementación de Clifton StrengthsFinder en su organización.

Para aquellos lectores que deseen consultar material de fuentes primarias, se ofrecen algunas referencias bibliográficas pertenecientes al campo técnico. Es posible encontrar este material técnico en bibliotecas universitarias o en Internet. Se recomienda leer las fuentes que se citan al final de las preguntas frecuentes. Los lectores que deseen hacer otras preguntas no duden en ponerse en contacto con Gallup y pedir una copia del informe técnico sobre el desarrollo y la validación de la evaluación Clifton StrengthsFinder: *The Clifton StrengthsFinder Technical Report: Development and Validation* (Lopez, Hodges y Harter, 2005).

¿QUÉ ES LA EVALUACIÓN CLIFTON STRENGTHSFINDER?

Clifton StrengthsFinder es un instrumento al que se puede acceder a través de Internet y sirve para evaluar los talentos de una persona desde la perspectiva de la psicología basada en las fortalezas. La evaluación Clifton StrengthsFinder plantea 180 ítems al participante a través de una conexión segura. Cada ítem consta de un par de autodescriptores posibles, por ejemplo: "Leo todas las instrucciones antes de comenzar" y "Prefiero comenzar de inmediato". Las frases descriptivas se plantean como los extremos opuestos de una secuencia. La persona debe elegir la frase que mejor lo describe y también en qué medida lo hace. Tiene 20 segundos para responder a un ítem antes de que el sistema pase al siguiente. (Los estudios de desarrollo de la evaluación Clifton StrengthsFinder han demostrado que el límite de 20 segundos arroja como resultado un índice muy poco significativo de ítems sin respuesta).

¿QUÉ SE SUPONE QUE ES LA EVALUACIÓN CLIFTON STRENGTHSFINDER: UN INVENTARIO RELACIONADO CON EL TRABAJO, UN INVENTARIO CLÍNICO, AMBAS COSAS O NINGUNA DE LAS DOS?

Clifton StrengthsFinder es una evaluación general con fundamento en la psicología basada en las fortalezas. Se ha aplicado principalmente al ámbito laboral, pero también se ha utilizado para comprender a las personas en roles y entornos diversos: empleados, estudiantes, grupos de ejecutivos, familias e individuos en busca de su desarrollo personal. *No* está diseñada para la evaluación clínica ni para el diagnóstico de desórdenes psiquiátricos.

¿POR QUÉ NO SE FUNDAMENTA LA EVALUACIÓN CLIFTON STRENGTHSFINDER EN LOS "CINCO GRANDES FACTORES" DE LA PERSONALIDAD CLARAMENTE DEFINIDOS EN LAS PUBLICACIONES ESPECIALIZADAS A PARTIR DE LOS AÑOS 80?

Los "cinco grandes factores" de la personalidad son: neuroticismo (lo opuesto a estabilidad emocional), extraversión (afán por estar en compañía de otros), apertura (interés en lo novedoso, como experiencias e ideas nuevas), amabilidad (afabilidad, armonía) y responsabilidad (obediencia a las normas, disciplina, integridad). De acuerdo con lo demostrado por una cantidad considerable de trabajos científicos, el funcionamiento de la personalidad humana se puede resumir sobre la base de esos cinco conceptos. Estos trabajos se llevaron a cabo en diferentes culturas y con hablantes de diversos idiomas (por ejemplo, McCrae y Costa, 1987; McCrae, Costa, Lima, et al., 1999; McCrae, Costa, Ostendorf, et al., 2000).

El motivo principal por el cual la evaluación Clifton StrengthsFinder no se fundamenta en estos cinco grandes factores es que ellos conforman un modelo de medición en vez de uno conceptual. Fue derivado del análisis de factores. No hay una teoría que lo sustente. Consta del número mínimo de factores de la personalidad generalmente aceptados, pero desde el punto de vista conceptual este modelo no es más correcto que otro que contemple cuatro o seis factores (Block, 1995; Hogan, Hogan y Roberts, 1996). Algunas partes de la evaluación Clifton StrengthsFinder podrían reducirse a estos cinco grandes factores, pero no se ganaría nada con eso. De hecho, si redujéramos a sólo cinco dimensiones la puntuación de una persona que hace la evaluación Clifton StrengthsFinder, obtendríamos menos información que la que arroja cualquiera de las mediciones actuales de los cinco grandes factores, ya que esas mediciones brindan subpuntuaciones dentro de las cinco dimensiones principales.

¿CÓMO SE DESARROLLÓ LA EVALUACIÓN CLIFTON STRENGTHSFINDER?

La base conceptual de la evaluación Clifton StrengthsFinder se sustenta en más de treinta años de investigaciones de diversos casos de personas exitosas en una variedad de funciones en el ámbito empresarial y educativo. Para desarrollar la evaluación Clifton StrengthsFinder, se tomaron en consideración datos provenientes de más de dos millones de personas. Los ítems, cada uno de los cuales consta de dos frases, se seleccionaron de una base de datos elaborada como resultado de varios estudios de validez de criterio que incluyen más de cien estudios de validez predictiva (Schmidt y Rader, 1999). En una múltiple cantidad de muestras, se llevaron a cabo análisis de factores y de confiabilidad con el fin de evaluar la contribución de los ítems a la medición de los talentos y también la uniformidad y estabilidad de las puntuaciones de los talentos, logrando así el equilibrio deseado entre obtener la información más pertinente a los talentos y que la extensión del instrumento resulte eficaz.

¿POR QUÉ UTILIZA LA EVALUACIÓN CLIFTON STRENGTHSFINDER ESTOS 180 ÍTEMS Y NO OTROS?

Estos ítems con dos frases cada uno surgen de la investigación de casos de personas exitosas que Gallup ha llevado a cabo de manera sistemática y estructurada durante más de treinta años. Las frases surgen de una revisión cuantitativa de la efectividad de los ítems y de una revisión de contenido en cuanto a la representatividad de los talentos y los ítems que se refieren a cada uno de ellos, teniendo en cuenta la validez de constructo de toda la evaluación. Dada la amplitud de los talentos que deseamos evaluar, los ítems deben ser numerosos y variados. Las evaluaciones de personalidad más conocidas trabajan con una cantidad de ítems que oscila entre los 150 y los 400 o más.

¿ES IPSATIVA LA PUNTUACIÓN QUE SE OTORGA A LOS ÍTEMS DE LA EVALUACIÓN CLIFTON STRENGTHSFINDER? SI LO ES, ¿LIMITA ESO LA PUNTUACIÓN DE LOS ÍTEMS?

La ipsatividad es un término matemático que se refiere a un aspecto de una matriz de datos, como ser un conjunto de puntuaciones. Se dice que una matriz de datos es ipsativa cuando la suma de las puntuaciones de cada persona da una constante. En términos más generales, la ipsatividad hace referencia a un conjunto de puntuaciones que define a una persona en particular, pero que sólo sirve de manera muy limitada para comparar a esa persona con otras. Por ejemplo, si usted clasifica los colores de acuerdo con su preferencia y otra persona hace lo mismo, no se puede comparar la *intensidad* de sus preferencias por un color determinado debido a la ipsatividad; lo único que puede compararse es el *orden* en que cada uno clasificó los colores. De los 180 ítems de la evaluación Clifton StrengthsFinder, se califican de manera ipsativa menos del treinta por ciento. Estos ítems cubren toda la gama de talentos de la evaluación Clifton StrengthsFinder y a ningún talento le corresponde más de un ítem cuya puntuación pudiera dar lugar a una matriz de datos ipsativa (Plake, 1999).

¿CÓMO SE CALCULA LA PUNTUACIÓN DE LOS TALENTOS EN LA EVALUACIÓN CLIFTON STRENGTHSFINDER?

La puntuación se calcula a partir de la media de la intensidad que se le asigne a cada frase descriptiva. Las personas pueden elegir entre tres grados de intensidad posibles para cada frase descriptiva: definitivamente de acuerdo, de acuerdo y neutral. De acuerdo con una fórmula patentada, se le asigna un valor a cada una de esas respuestas. Los valores de los ítems que corresponden a cada talento en particular se promedian para obtener la puntuación de cada talento. Esta puntuación se puede presentar en forma de media, puntuación estándar o percentil.

¿SE UTILIZARON TEORÍAS MODERNAS DE PUNTUACIÓN (COMO LA TEORÍA DE RESPUESTA AL ÍTEM, O TRI) PARA EL DESARROLLO DE LA EVALUACIÓN CLIFTON STRENGTHSFINDER?

La evaluación Clifton StrengthsFinder fue desarrollada con el fin de capitalizar las experiencias y los conocimientos acumulados a través de la práctica del desarrollo basado en fortalezas llevada a cabo por Gallup. Por eso, en un principio, los ítems se eligieron en función de las pruebas de validez tradicionales (constructo, contenido, criterio), un método universalmente aceptado para el desarrollo de evaluaciones. En los últimos años, han comenzado a investigarse métodos para aplicar la teoría de respuesta al ítem tanto a evaluaciones heterogéneas como homogéneas (por ejemplo, en Waller, Thompson y Wenk, 2000). Por ende, es probable que en el futuro se utilicen otros métodos estadísticos con el fin de perfeccionar la evaluación Clifton StrengthsFinder.

¿QUÉ INVESTIGACIONES SOBRE LA VALIDEZ DE CONSTRUCTO SE HAN REALIZADO EN RELACIÓN CON LA EVALUACIÓN CLIFTON STRENGTHSFINDER?

Clifton StrengthsFinder es una evaluación general de talentos con fundamento en la psicología basada en las fortalezas. Por lo tanto, no caben dudas de que tiene una correlación con estas mediciones similar a la que existe entre las mediciones de personalidad y las mediciones en general.

La validez de constructo puede evaluarse mediante distintos tipos de análisis. Durante las etapas de desarrollo de la evaluación, se realizaron pruebas piloto de una cantidad de ítems en virtud de las cuales se escogieron sólo los ítems con propiedades psicométricas destacadas (incluida la correlación ítem-talento).

Los ítems debían tener mayor correlación con los talentos a los que correspondían (constructos) que con los demás talentos (constructos). En un estudio complementario en el que se analizaron las respuestas de 601.049 personas, la correlación promedio de un ítem con su correspondiente talento (corregida por el solapamiento entre la parte y el todo) fue 6,6 veces superior que la correlación promedio del mismo ítem con los demás talentos.

La validez de constructo también se puede evaluar teniendo en cuenta pruebas de validez convergente y discriminante. En 2003 se llevó a cabo un estudio de validez de constructo en el cual se analizó la relación entre la evaluación Clifton StrengthsFinder y el modelo que se basa en los cinco grandes factores de la personalidad. Dicho estudio arrojó como resultado que existen relaciones entre los talentos de la evaluación Clifton StrengthsFinder y los constructos del modelo de personalidad basado en cinco factores. Por ejemplo, el talento Disciplina tiene una correlación de 0,81 con el factor responsabilidad. En teoría, la definición de ambos constructos es similar en lo que se refiere a orden y planificación. Otros ejemplos incluyen una relación de 0,83 entre el talento Carisma y el factor extraversión; de 0,70 entre Idear e intelección y de 0,58 entre Positivo y amabilidad.

Los estudios de validez convergente y discriminante forman parte de las investigaciones sobre la validez de constructo que se llevan a cabo en la actualidad y que se han realizado en el pasado.

¿PUEDE CAMBIAR LA PUNTUACIÓN DE LA EVALUACIÓN CLIFTON STRENGTHSFINDER?

Esta es una pregunta importante para la cual hay respuestas tanto técnicas como conceptuales.

Respuestas técnicas: Se espera que la medición de talentos de la evaluación Clifton StrengthsFinder demuestre una propiedad llamada "confiabilidad". La confiabilidad puede definirse de diversas maneras. El método más importante utilizado para calcular la confiabilidad de la evaluación Clifton StrengthsFinder se conoce técnicamente como "test-retest". Este método determina la estabilidad de las puntuaciones a lo largo del tiempo. La evaluación Clifton StrengthsFinder tiene un alto grado de confiabilidad determinada por el método test-retest en relación con los parámetros psicométricos actuales.

Conforme al método test-retest, casi todos los talentos de la evaluación Clifton StrengthsFinder poseen una confiabilidad de entre 0,60 y 0,80 en un período de seis meses. Cuando el valor de la confiabilidad asignado por el método test-retest es 1 (la puntuación máxima), se concluye que todas las personas que hicieron la evaluación Clifton StrengthsFinder en dos oportunidades obtuvieron *exactamente* la misma puntuación en ambos casos. La correlación promedio de la clasificación de los talentos de una persona a lo largo de diversos períodos temporales es de 0,74 (según las respuestas de 706 personas que realizaron dos veces la evaluación con un intervalo promedio de 17 meses entre ellas).

Respuestas conceptuales: Si bien la evaluación del grado de estabilidad es, desde ya, una cuestión empírica, los orígenes conceptuales de los talentos de cada persona también tienen pertinencia. Durante muchos años, Gallup ha estudiado los talentos de personas con un desempeño destacado a través de una amplia gama de investigaciones que combinaban tanto estudios cualitativos como cuantitativos. En estas investigaciones participaron personas de casi todas las edades, desde preadolescentes hasta adultos septuagenarios. El objetivo principal de cada uno de estos estudios era el de identificar patrones antiguos de pensamiento, sentimiento y comportamiento en el individuo y que estuvieran asociados con el éxito. Las preguntas que se hacían eran tanto prospectivas como retrospectivas, por ejemplo: "¿Qué le gustaría estar haciendo en diez años?" o "¿A qué edad hizo su primera venta?". En otras palabras, en nuestras primeras investigaciones sobre la excelencia en el desempeño laboral se tuvo en cuenta el largo plazo, no el corto plazo. Muchos de los ítems desarrollados brindaban predicciones útiles acerca de la estabilidad laboral, lo que sugería que los atributos medidos eran de una naturaleza constante. Estudios de seguimiento del desempeño laboral realizados a intervalos de entre dos y tres años contribuyeron a las ideas de Gallup en relación con lo que hace que una persona alcance y mantenga un nivel constante de eficiencia en el trabajo en vez de limitarse a conseguir logros sorprendentes, pero poco duraderos. En muchas de las primeras investigaciones sobre los talentos, la relevancia de las dimensiones y los ítems que se relacionaban con la motivación y los valores también contribuyeron al diseño de una evaluación Clifton StrengthsFinder capaz de identificar esas cualidades humanas perdurables.

En esta etapa relativamente temprana de la aplicación de la evaluación Clifton StrengthsFinder, todavía no es posible determinar cuánto tiempo perduran en una persona los rasgos más notables de su personalidad (medidos de esta manera). No obstante, es probable que perduren años más que meses. Es posible proyectar un mínimo de cinco años y un máximo de 30 o 40 años, o más. Cada vez más investigaciones demuestran que algunos aspectos de la personalidad son predictivos a lo largo de muchas décadas en la vida de una persona (por ejemplo, Judge, Higgins, Thoresen y Barrick, 1999). Es probable que algunos talentos de la evaluación Clifton StrengthsFinder resulten ser más perdurables que otros. Estudios transversales en distintos grupos etarios podrán ofrecer las primeras reflexiones acerca de si los cambios en los patrones normativos de comportamiento están relacionados con la edad. Los aparentes cambios en los talentos deberían atribuirse, en primer lugar, a un error en la medición y no ser tomados como indicadores de un cambio verdadero de los conocimientos, emociones o rasgos subyacentes a la personalidad. También sería aconsejable invitar a las personas que hayan hecho la evaluación Clifton StrengthsFinder a que expliquen el motivo de las supuestas discrepancias.

¿CÓMO SE PUEDE DETERMINAR QUE LA EVALUACIÓN CLIFTON STRENGTHSFINDER VERDADERAMENTE SIRVE?

Con el fin de responder al interrogante sobre la utilidad de un instrumento como la evaluación Clifton StrengthsFinder, actualmente se está desarrollando un estudio de la validez de constructo del instrumento a través de análisis psicométrico y conceptual. La evaluación Clifton StrengthsFinder se fundamenta en datos recabados durante más de 30 años sobre la naturaleza de los talentos y la aplicación del análisis de las fortalezas. Estos datos se resumieron en un trabajo científico reciente en el que se utilizó metaanálisis (Schmidt y Rader, 1999).

La bibliografía relacionada con las ciencias sociales y del comportamiento incluye un sinfín de estudios individuales con conclusiones aparentemente contradictorias. El metaanálisis permite que el investigador haga un cálculo de la correlación promedio entre las variables y efectúe correcciones para los factores artefactuales de variación en los hallazgos obtenidos en distintos estudios. Por eso, el metaanálisis brinda información de singular y gran poder estadístico, ya que controla los errores de medición y muestreo, además de otras rarezas que distorsionan el resultado de las investigaciones individuales. (Se han publicado más de mil metaanálisis en los campos de la psicología, la educación, el comportamiento, la medicina y la selección de personal). Si desea consultar información detallada sobre la aplicación de metaanálisis en diversos campos, remítase a Lipsey y Wilson (1993).

¿QUÉ ES EL DESARROLLO BASADO EN FORTALEZAS?

El desarrollo basado en fortalezas es un proceso cuyo resultado es que una persona adquiera la habilidad de desempeñar una tarea particular casi a la perfección sistemáticamente. Una fortaleza está conformada por destrezas, conocimientos y talentos. Las destrezas son las capacidades básicas de una persona para ejecutar los pasos que implica una tarea específica; por ejemplo, la capacidad para operar una computadora. Las destrezas no son innatas, sino que se adquieren a través de la capacitación y la práctica. El conocimiento es ni más ni menos lo que una persona sabe, e incluye hechos (conocimiento fáctico) e interpretaciones (adquiridas a través de la experiencia) que pueden aplicarse productivamente a tareas específicas. El conocimiento no es algo innato, sino que debe adquirirse. Los talentos son patrones recurrentes de pensamientos, sentimientos o comportamientos que pueden aplicarse productivamente a tareas específicas. Ejemplos de talentos son el impulso a competir, la sensibilidad ante las carencias de los demás y la tendencia a ser extrovertido en las reuniones sociales. Los talentos no se adquieren, sino que existen naturalmente en una persona. Y dado que representan lo mejor de la naturaleza de ese ser humano, constituyen el componente esencial de las fortalezas y representan las mejores oportunidades de desempeñarse con excelencia.

La identificación de los talentos es crucial para el desarrollo basado en fortalezas. Una manera muy difundida de identificarlos es tomar en consideración las cinco principales áreas de talento del individuo, determinadas por las respuestas a la evaluación Clifton StrengthsFinder, el instrumento de evaluación de talentos de Gallup disponible a través de Internet. Teniendo en cuenta estas cinco principales áreas de talento, los "talentos dominantes", una persona puede descubrir y por ende internalizar las características correspondientes a sus talentos más naturales.

Conocer los talentos dominantes resulta útil para identificar las capacidades innatas de cada individuo. Las reacciones espontáneas de una persona ante una situación cualquiera representan un indicador significativo de sus talentos, y la clasificación de talentos que se incluye en el informe de la evaluación Clifton StrengthsFinder se basa en las reacciones espontáneas e inmediatas a los pares de frases de cada uno de los ítems de la evaluación.

Al identificar los talentos, también han de tenerse en cuenta los anhelos, la capacidad para aprender rápidamente, las satisfacciones y la falta de noción del tiempo (Clifton y Nelson, 1992). Los anhelos revelan la presencia de un talento, especialmente cuando surgen en una etapa temprana de la vida. Un anhelo puede describirse como el impulso o influencia magnética que inclina a una persona hacia una actividad o un entorno en particular una y otra vez. El aprendizaje rápido es otro indicio de la presencia de un talento. En el contexto de un desafío o un entorno nuevos, existe algo que despierta el talento de ese individuo. De inmediato, su cerebro parece iluminarse, como si se encendiera un tablero de interruptores, y la velocidad con la que adquiere nuevas destrezas o conocimientos es una señal reveladora de la presencia e intensidad de su talento.

La satisfacción es la sensación psicológica de realización personal que experimenta una persona cuando asume con éxito un desafío que requiere de sus mejores talentos. La falta de noción del tiempo también puede servir como un indicio de talento. Si alguien se concentra tanto en una actividad que pierde la noción del tiempo, es probable que esa actividad involucre uno de sus talentos.

El desarrollo basado en fortalezas comienza con la identificación de los talentos y continúa con la integración de esos talentos a la visión de uno mismo. Cuando el desarrollo basado en fortalezas es exitoso, se produce un cambio deseado en el comportamiento (Clifton y Harter, 2003). Algunos estudios conducidos por empresas han revelado que el desarrollo basado en fortalezas está relacionado con varios resultados positivos, como el aumento de la productividad y el nivel de compromiso de un empleado.

Los directivos que logran promover ambientes laborales donde los empleados pueden aprovechar sus talentos al máximo arman equipos de trabajo más productivos con menor rotación de personal (Clifton y Harter, 2003). Los estudios demuestran que el desarrollo basado en fortalezas aumenta la confianza en uno mismo, la esperanza, el altruismo y también le da un mejor sentido a la vida (Hodges y Clifton, 2004). Las investigaciones que se están llevando a cabo en la actualidad siguen estudiando la influencia que el desarrollo basado en fortalezas tiene sobre los resultados que se pretende obtener.

¿CÓMO PUEDE HACER LA EVALUACIÓN CLIFTON STRENGTHSFINDER, Y OBTENER LA PUNTUACIÓN E INFORME CORRESPONDIENTES, UNA PERSONA QUE ESTÁ IMPOSIBILITADA PARA USAR INTERNET, YA SEA POR PROBLEMAS ECONÓMICOS O POR UNA DISCAPACIDAD?

En el caso de los problemas económicos (lo que también se conoce como "brecha digital"), una solución posible es acceder a Internet desde una biblioteca o escuela. Es pertinente destacar que algunas de las organizaciones con las que Gallup trabaja no cuentan con acceso a Internet generalizado. En estos casos, como en el de personas que provienen de un entorno desfavorecido, la solución generalmente consiste en brindar acceso especial desde determinados puntos céntricos.

En el caso de una discapacidad, es posible realizar una serie de ajustes. En general lo más eficaz es que la persona que va a hacer la evaluación Clifton StrengthsFinder solicite que se desactive el cronómetro. Este y otros ajustes deben ser acordados con Gallup de manera individual antes de hacer la evaluación.

¿CUÁL ES EL NIVEL DE LECTURA RECOMENDADO PARA HACER LA EVALUACIÓN CLIFTON STRENGTHSFINDER? ¿QUÉ ALTERNATIVAS EXISTEN PARA QUIENES NO ALCANZAN ESE NIVEL?

La evaluación Clifton StrengthsFinder está diseñada para que la completen individuos con un nivel de lectura correspondiente a un joven de 14 años o mayor. Los ensayos que hemos realizado en el marco de estudios de liderazgo juvenil han demostrado que los adolescentes no tienen problemas significativos ni sistemáticos para completar la evaluación. Entre las alternativas y ajustes posibles, está la de desactivar el cronómetro para poder consultar en un diccionario o averiguar de algún otro modo el significado de una palabra.

¿ES APROPIADA PARA TODO TIPO DE PARTICIPANTES LA EVALUACIÓN CLIFTON STRENGTHSFINDER, INDEPENDIENTEMENTE DE SUS CARACTERÍSTICAS DEMOGRÁFICAS, PAÍS E IDIOMA?

Hay una abrumadora cantidad de datos, provenientes tanto de Gallup como de otras organizaciones de investigación, que confirman que la estructura de los talentos y las dimensiones de la personalidad como la que se mide con la evaluación Clifton StrengthsFinder y otros instrumentos no varía en función de la cultura o nacionalidad.

Por ejemplo, la correlación ítem-talento promedio es bastante similar en todos los países. La desviación estándar de las correlaciones entre países es de 0,026 y oscila entre 0,01 y 0,04 en los distintos talentos. Se obtuvieron resultados similares con respecto a los idiomas, con una desviación estándar promedio de las correlaciones entre idiomas de 0,024 y una oscilación entre 0,01 y 0,03. En relación con la intercorrelación entre talentos, la desviación estándar promedio entre los países es de 0,03 con una oscilación entre 0,01 y 0,07 en las 561 intercorrelaciones entre talentos. Entre los distintos idiomas, el promedio de la desviación estándar es de 0,02 con una oscilación entre 0,01 y 0,06. En síntesis, las intercorrelaciones entre talentos son estables en los distintos contextos culturales.

La evaluación Clifton StrengthsFinder es mundialmente reconocida como un instrumento de medición de talentos. A la fecha (enero de 2008), se encuentra disponible en 22 idiomas y se planea sea traducida a varios otros idiomas en el futuro. Del primer millón de personas que completaron la evaluación Clifton StrengthsFinder, más de 110.000 la hicieron en un idioma que no era inglés. Hasta el momento, han realizado la evaluación personas de más de 50 países. En más de 30 de esos países, la cantidad de participantes superó el millar. El país de residencia de más de 600.000 de las personas que han hecho la evaluación no era Estados Unidos.

Las investigaciones acerca de la edad de las personas que realizaron la evaluación Clifton StrengthsFinder revelan que la correlación ítem-talento promedio es bastante similar en diversos grupos etarios. La desviación estándar promedio de las correlaciones es de 0,02 y oscila entre 0,00 y 0,09 en los distintos talentos.

Las investigaciones acerca del sexo de las personas que realizaron la evaluación Clifton StrengthsFinder revelan que las correlaciones ítem-total son similares y sistemáticamente positivas. Las diferencias en las correlaciones ítem-total entre los sexos oscilan entre 0,00 y 0,06 en los distintos talentos.

¿QUÉ COMENTARIOS RECIBE UNA PERSONA LUEGO DE HACER LA EVALUACIÓN CLIFTON STRENGTHSFINDER?

Los comentarios varían en función de la razón por la cual una persona haya realizado la evaluación. A veces el participante sólo recibe un informe que enumera sus cinco talentos principales: aquellos en los que ha recibido la puntuación más alta. En otras situaciones, el participante también puede examinar los 29 talentos restantes —y sugerencias sobre qué hacer en relación con cada uno de ellos— en una sesión personal de comentarios con un consultor de Gallup o en una sesión supervisada de fortalecimiento de equipo con sus compañeros de trabajo.

Las combinaciones de los talentos son singulares y poderosas. Los talentos dominantes pueden formar 278.256 combinaciones únicas y, teniendo en cuenta el orden, también pueden formar 33,39 millones de variantes únicas.

Desde1998, Gallup ha utilizado la evaluación Clifton StrengthsFinder como herramienta de diagnóstico inicial en los programas de desarrollo de diversas instituciones académicas, organizaciones basadas en la fe y grandes empresas, entre otras organizaciones. La evaluación Clifton StrengthsFinder ha sido utilizada para facilitar el desarrollo de personas que se desempeñan en roles tales como gerente, representante de atención al cliente, vendedor, asistente administrativo, enfermero, abogado, pastor, líder, estudiante, docente y administrador de escuelas, sólo por mencionar algunos entre otros cientos.

MATERIAL DE REFERENCIA DE LAS PREGUNTAS FRECUENTES SOBRE CLIFTON STRENGTHSFINDER

Se recomienda la consulta de los siguientes materiales de referencia a los lectores interesados en algún detalle en particular del contenido de estas preguntas frecuentes. Si bien la mayoría de los materiales de referencia contienen información sobre técnicas avanzadas de estadística, igualmente instamos al lector interesado a examinarlos. No obstante, cabe aclarar que esta lista no pretende ser exhaustiva.

American Educational Research Association, American Psychological Association y National Council on Measurement in Education (AERA/APA/NCME). 1999. *Standards for educational and psychological testing*. Washington, D.C.: American Educational Research Association.

American Psychologist. Positive psychology [edición especial]. 2000. Washington, D.C.: American Psychological Association.

Block, J. 1995. A contrarian view of the five-factor approach to personality description. *Psychological Bulletin* 117: 187–215.

Cameron, K. S., Dutton, J. E. y Quinn, R. E. (eds.). 2003. *Positive organizational scholarship*. San Francisco: Berrett-Koehler.

Clifton, D. O. y Harter, J. K. 2003. Strengths investment. En K. S. Cameron, J. E. Dutton y R. E. Quinn (eds.), *Positive organizational scholarship*. (pp. 111-121). San Francisco: Berrett-Koehler.

Clifton, D. O y Nelson, P. 1992. Soar with your strengths. Nueva York: Delacorte Press.

Clifton, J. K. 2002. Carta dirigida a los asistentes a la primera cumbre internacional sobre psicología positiva, Washington, D.C.

Hodges, T. D. y Clifton, D. O. 2004. Strengths-based development in practice. En A. Linley y S. Joseph (eds.), *Handbook of positive psychology in practice*. Hoboken, Nueva Jersey: John Wiley and Sons, Inc.

Hogan, R., J. Hogan y B. W. Roberts. 1996. Personality measurement and employment decisions: Questions and answers. *American Psychologist* 51: 469–77.

Hunter, J. E. y F. L. Schmidt. 1990. *Methods of meta-analysis: Correcting error and bias in research findings.* Newbury Park, CA: Sage.

Judge, T. A., C. A. Higgins, C. J. Thoresen y M. R. Barrick. 1999. The big five personality traits, general mental ability, and career success across the life span. *Personnel Psychology* 52: 621–52.

Keyes, C. L. M. y Haidt, J. (eds.). 2003. *Flourishing: Positive psychology and the life well-lived.* Washington, D.C.: APA.

Linley, A. y Joseph, S. (eds.). 2004. *Positive psychology in practice.* Hoboken, NJ: John Wiley & Sons, Inc.

Lipsey, M. W. y D. B. Wilson. 1993. The efficacy of psychological, educational, and behavioral treatment. *American Psychologist* 48: 1181–1209.

Lopez, S. J., Hodges, T. D. y Harter, J. K. 2005. The Clifton Strengths-Finder technical report: Development and validation. Princeton, NJ: Gallup.

Lopez, S. J. y Snyder, C. R. (eds.). 2003. *Positive psychological assessment: A handbook of models and measures.* Washington, D.C.: American Psychological Association.

McCrae, R. R. y P. T. Costa. 1987. Validation of the five-factor model of personality across instruments and observers. *Journal of Personality and Social Psychology* 52: 81–90.

McCrae, R. R., P. T. Costa, M. P. de Lima, et al. 1999. Age differences in personality across the adult life span: Parallels in five cultures. *Developmental Psychology* 35: 466–77.

McCrae, R. R., P. T. Costa, F. Ostendorf, et al. 2000. Nature over nurture: Temperament, personality, and life span development. *Journal of Personality and Social Psychology* 78: 173–86.

Myers, D. 2000. The funds, friends, and faith of happy people. *American Psychologist* 55: 56-67.

Plake, B. 1999. *An investigation of ipsativity and multicollinearity properties of the StrengthsFinder Instrument* [informe técnico]. Lincoln, NE: Gallup.

Schmidt, F. L. y Rader, M. 1999. Exploring the boundary conditions for interview validity: Meta-analytic validity findings for a new interview type. *Personnel Psychology* 52: 445-464.

Sheldon, K., Fredrickson, B., Rathunde, K. y Csikszentmihalyi, M. 2000. Positive psychology manifesto (ed. rev.). Filadelfia. Información obtenida de Internet el 1 de mayo de 2003 en el siguiente sitio Web: http://www.positivepsychology.org/akumalmanifesto.htm.

Snyder, C. R. y Lopez, S. J. (eds.). 2002. *The handbook of positive psychology.* Nueva York: Oxford University Press.

Waller, N. G., J. S. Thompson y E. Wenk. 2000. Using IRT to separate measurement bias from true group differences on homogeneous and heterogeneous scales: An illustration with the MMPI. *Psychological Methods* 5: 125–46.

AGRADECIMIENTOS

Muchas personas han colaborado para que este libro se haga realidad, y a ellas les debemos toda nuestra gratitud.

Muchas gracias al presidente y CEO de Gallup, Jim Clifton, cuya idea visionaria de que los descubrimientos de Gallup influyeran en cada uno de los líderes mundiales derivó en la obra dirigida a las comunidades de fe. De no ser por su alto grado de compromiso con esa visión, este libro nunca se habría editado.

Gracias a Larry Emond y Evan Perkins por su apoyo, estímulo y valiosas reflexiones; a Geoff Brewer, uno de los editores más talentosos del planeta; a Paul Petters, Mark Stiemann y Kelly Henry, el equipo editor cuyo talento para reparar en los detalles fue inestimable. Dennis Welch, Scott Simmons y Cinda Hicks nos ayudaron a tener claramente en mente las necesidades del mercado. Tom Rath y Piotrek Juszkiewicz supervisaron el proyecto de manera fantástica y se aseguraron de que pudiera completarse en tiempo y forma. Chin-Yee Lai creó el cautivante diseño de tapa y Kim Simeon, Mary Gansemer y Molly Hardin idearon el formato atractivo y de fácil lectura.

Un grupo de asociados de Gallup fueron de gran ayuda en el proyecto de *Viva sus fortalezas*. Entre ellos, Sherry Ehrlich, Irene Burklund, Wyn Wadginski, Lori Stohs, Jerry Krueger, Kryste Wiedenfeld, Rosemary Travis, Jim Harter, Tim Hodges, Julie Hawkins, Sue Munn, Tonya Fredstrom y Robyn Seals.

En último lugar, y primero en orden de importancia, queremos expresar nuestro más profundo agradecimiento a nuestras esposas, Jane Winseman, Shirley Clifton y Rosanne Liesveld, y a nuestros hijos, quienes nos apoyaron y alentaron a lo largo de todo el proceso.

Si desea obtener más información acerca de cómo poner en práctica el poder de *Viva sus fortalezas* en su iglesia, llame al (001) 212-899-4709.

Si desea comunicarse con nosotros, o contarnos experiencias acerca del aprovechamiento al máximo de las fortalezas en su parroquia, envíenos un mensaje de correo electrónico a lys@gallup.com.